JULES SANDEAU.

VALCREUSE

I

PARIS
DESESSART ÉDITEUR,
8, RUE DES BEAUX-ARTS.

M DCCC XLVII

VALCREUSE.

I

Non loin de Machecoul, à six lieues de la mer, presque aux extrémités de cette partie du Bas-Poitou, connue autrefois sous le nom de Bocage, et qu'on a pris l'habitude d'appeler du nom de Vendée, on découvre à mi-côte les ruines du château de Valcreuse. C'est un des rares débris échappés au marteau de la bande noire, et qui semblent rester debout, au milieu des monuments de la paix et des envahissements de l'industrie, pour attester les malheurs de la guerre civile et servir d'enseignement aux nouvelles générations. Bien que ces ruines ne comptent guère plus d'un demi-siècle, la nature les a déjà revêtues du poétique caractère que le temps imprime à ses œuvres. Un artiste s'oublierait de longues heures au pied de ces tourelles habillées de lierre; un poète aimerait à s'aventurer à travers les ronces et les hautes herbes qui croissent paisiblement dans les cours silencieuses. Moi qui ne suis qu'un rêveur, je me souviens d'avoir erré tout un jour dans ces salles dévastées qui n'ont pour plafond que la voûte du ciel, pour tentures que la ravenelle, pour hôtes que la couleuvre, le lézard et l'orfraie. Quant vint la nuit, j'allai m'asseoir sur une des pierres disjointes du perron, et c'est là qu'une voix douce et grave me raconta l'histoire que je vais raconter.

M. de Valcreuse avait fait la guerre dans l'Inde, et s'était distingué en plus d'une rencontre, sous M. de Suffren. Un de ses faits d'armes est resté consigné dans les fastes de notre marine. Chargé du commandement provisoire de la corvette l'*Intrépide*, sur laquelle il servait en qualité de simple officier, il profita de ce court intérim pour attaquer et prendre une frégate anglaise modestement nommée l'*Invincible*. A l'époque où ce récit commence, c'est-à-dire aux approches de 1788, il vivait dans sa terre en compagnie de l'abbé Gervais, qui l'avait élevé, et de sa sœur, mademoiselle Armantine de Valcreuse, qui lui avait servi de mère.

Il avait trente ans, une belle et mâle figure, le cœur et les façons d'un gentilhomme ; des paysans qui l'avaient vu grandir et qui l'adoraient ; enfin des revenus qui, sans être considérables, lui permettaient de soutenir convenablement la noblesse de sa maison. Il vivait sans faste et sans ostentation, comme la plupart des seigneurs angevins et poitevins, au temps où le luxe des châteaux consistait dans la chasse, la bonne chère et le grand nombre des serviteurs. Il chassait, montait à cheval, visitait ses métayers, et le soir, à souper, s'entretenait des affaires du jour avec mademoiselle Armantine et l'abbé. Si ce train de vie le charmait peu, du moins n'en laissait-il rien paraître. Intrépide à la mer, terrible à l'abordage, fier et superbe sur le pont d'un navire ; froid, réservé, même un peu timide, dès qu'il touchait la terre, il cachait sous des dehors calmes et compassés les instincts aventureux qu'il tenait de sa race, et qu'avaient développés la guerre et les voyages où s'était signalée sa jeunesse. Plus d'une fois déjà, depuis la paix, il était rentré sous le toit de ses pères avec l'intention d'y rester ; car il pensait avec raison que le devoir d'un gentilhomme, pendant la paix, est de vivre dans ses domaines. Plus d'une fois, à sa sœur qu'il chérissait, à l'abbé qu'il aimait, qu'il vénérait, à ses gens qui fêtaient sa présence, il avait promis de ne plus les quitter ; mais, chaque fois, on l'avait vu céder, au bout de quelques mois, à l'espèce de fascination qu'exerce l'océan sur certaines âmes. Cependant, depuis son dernier retour, près de deux ans s'étaient écoulés ; il ne parlait pas de repartir ; on pouvait raisonnablement supposer qu'il avait renoncé aux hasards de la vie de bord. Pour plus de sécurité, mademoiselle Armantine et l'abbé s'avisèrent d'un expédient qui n'était pas nouveau, et qui pourtant est encore aujourd'hui ce qu'il y a de mieux imaginé pour clouer un galant homme au seuil de son logis.

Mademoiselle Armantine avait dix-huit

ans le jour où son frère était né. Il était venu comme on dit, sur le tard, alors qu'on ne l'attendait plus. La nature a de ces caprices ; souvent, au déclin de l'automne, on voit, sous les feuilles jaunies, poindre et verdir un jeune rejeton. Malgré de petits travers qui n'altéraient pas sa bonté native, c'était une aimable personne que mademoiselle Armantine. Elle avait été jolie et donnait encore à penser que, si elle était restée fille, ç'avait été son bon plaisir. Le mariage, à vrai dire, ne l'avait jamais attirée. Comme engagement solennel, elle en avait toujours eu peur; comme divertissement, elle s'en était toujours un peu défiée. En ceci, la raison ne l'eût pas mieux servie que l'étourderie de son caractère. Avant de s'ensevelir au fond de sa province, elle était allée à la cour; cela se voyait à je ne sais quoi de royal dans sa façon de porter la tête en marchant. La poudre lui seyait à ravir; les paniers ajoutaient à l'ampleur de sa taille des proportions vraiment majestueuses. Elle avait sauvé du naufrage de sa jeunesse de belles mains, des dents d'ivoire, ce charmant sourire stéréotypé sur toutes les lèvres aristocratiques du dix-huitième siècle, de blanches épaules dont les lys semblaient braver la bise de l'arrière-saison. Bref, à la beauté du soir, on pouvait aisément se faire une idée de ce qu'avaient dû être les splendeurs du matin. Quoique vivant dans la retraite, elle aimait le monde, les fêtes, la parure, et montrait d'ailleurs que la frivolité de l'esprit n'exclut pas nécessairement les meilleures qualités de l'âme.

L'abbé Gervais n'avait pas quitté le château depuis qu'il y était entré pour élever le jeune Hector. C'était un de ces précepteurs de vieille roche dont le type s'est complètement perdu dans la ruine des grandes maisons. Les grands seigneurs, s'il en reste, ont bien encore un précepteur à domicile; seulement, ils le congédient en temps voulu, comme un laquais cassé aux gages, et se croient quittes envers lui en lui faisant un petit présent. A l'époque dont nous parlons, le précepteur devenait membre de la famille; il avait sa place marquée au foyer, et vieillissait, honoré de tous, sous le toit de son élève.

dont il restait le guide, le conseiller, l'ami. On ne pensait pas alors pouvoir entourer de trop de respect et de reconnaissance la tâche qui consiste à faire un homme d'un enfant. Intelligence élevée, cœur à la fois sérieux et tendre, l'abbé Gervais, bien qu'il eût toujours vécu loin du monde, avait découvert de bonne heure tous les secrets de l'expérience. On rencontre ainsi des âmes privilégiées qui, sans être jamais sorties du port, connaissent tous les parages de la vie, et pourraient servir de pilotes aux navigateurs les plus consommés. Ce qui n'est pas moins surprenant, c'est que ce sont, pour la plupart, des âmes simples et naïves, conciliant sans effort la science et la foi, qui croient comme si elles ne savaient pas, qui savent comme si elles ne croyaient plus. Telle était l'âme de l'abbé Gervais. Il avait pour M. de Valcreuse une tendresse passionnée. A tort ou à raison, tout ce qu'il y a de grand, de beau, de noble sur la terre se résumait pour lui dans ce jeune homme; aveuglement ou clairvoyance, il l'aimait comme la vertu. C'était un petit vieillard de chétive apparence, à l'air doux et fin, n'ayant de remarquable qu'un regard perçant et scrutateur, qu'il lançait comme un éclair, au fond des consciences.

On a déjà deviné sans doute qu'entre mademoiselle Armantine et l'abbé Gervais les sympathies n'étaient ni bien vives ni très nombreuses. Angélique témoin des légers ridicules de mademoiselle Armantine, si l'abbé avait pris depuis longtemps le sage parti de ne plus s'en apercevoir, moins patiente et moins résignée, mademoiselle Armantine nourrissait contre l'abbé une sourde irritation qui n'éclatait que trop souvent, surtout quand M. de Valcreuse n'était pas là pour jeter un peu de vie et de mouvement dans leur intimité. Rien, par exemple, ne lui échauffait la bile comme de le voir, pendant les soirées d'hiver, assis sous le manteau de la cheminée, ne soufflant mot, les pieds sur les chenets et regardant avec mélancolie se consumer la braise. Lorsqu'elle racontait sa présentation à la cour (la bonne demoiselle y revenait sans cesse), ou quelque autre solennité dont elle avait été l'héroïne, l'abbé avait une façon de promener en silence ses deux mains sur ses bas de soie, qui achevait de l'exaspérer. Enfin, entr'autres manies innocentes, mademoiselle Armantine tenait par-dessus tout à convaincre les gens que, si elle portait encore le nom de ses aïeux, ce n'avait pas été faute d'occasion de le perdre. Elle ne se lassait pas de rappeler la fin déplorable du chevalier de R... et du marquis de C..., qui, après s'être vainement disputé son cœur, étaient allés ensemble, dans un beau désespoir, se faire tuer aux armées du roi. Par une étrange fatalité, le même boulet les avait coupés en deux l'un et l'autre. C'est à ce propos que le roi Louis XV, s'adressant à mademoiselle Armantine, avait dit en souriant ce joli mot : que le chevalier de R... et le marquis de C... s'étaient mis en quatre pour elle. L'abbé, qui était la bonté même, avait commencé par s'apitoyer sincèrement sur le sort fâcheux du marquis et du chevalier; il admirait volontiers les desseins de la Providence qui avait voulu que ces deux gentilshommes, blessés par les mêmes yeux, fussent tués par le même coup de canon. Cependant, à force d'entendre le récit de cette lamentable histoire, il en était venu naturellement à ne plus y prendre un si vif intérêt; bref, il avait fini par montrer, au sujet des victimes, une morne insensibilité qui révoltait mademoiselle Armantine à un point difficile à dire.

Ce n'est pas tout : depuis quelques années, mademoiselle Armantine menait un genre de vie qui ne satisfaisait pas précisément ses goûts et ses instincts. Le silence et la solitude s'étaient faits peu à peu autour d'elle. Le vieux manoir qu'elle avait animé des grâces de sa jeunesse devenait de plus en plus sombre et désert. Le cercle de ses relations s'était rétréci; les papillons, qui avaient folâtré aux gais rayons de son printemps, ne battaient même plus d'une aile. Mademoiselle Armantine assistait, sans y rien comprendre, à ces phénomènes d'automne. Comme tous les esprits frivoles, comme tous les cœurs sans passion et sur lesquels le temps n'a point de prise, elle avait vieilli sans s'en apercevoir ou même s'en douter. Aux deux tiers de la vie, elle n'avait planté le long de sa route aucun des jalons qui nous aident à mesurer la distance que nous avons laissée derrière nous. Elle avait vu passer ses jours, sans être avertie de leur fuite, pareils à ces courants si lents et si paisibles qu'on les croirait endormis dans leur lit de sable. Comme toutes les folles cigales qui, ayant chanté tout l'été, n'ont rien amassé pour l'hiver, mademoiselle Armantine s'ennuyait; elle s'ennuyait, et, ne sachant à qui s'en prendre, elle s'en prenait à l'abbé. Pour rester inavouées, ces causes d'irritation n'en étaient pas moins réelles : les effets s'en faisaient sentir fréquemment et à propos de tout, ainsi qu'il arrive entre gens qui, vivant sous le même toit, n'ont en commun ni une idée ni un sentiment. Mademoiselle Armantine et l'abbé se touchaient cependant par l'affection qu'ils avaient tous deux pour Valcreuse. Un matin qu'Hector chassait, content, joyeux, ne se doutant de rien, ils décidèrent d'un commun accord qu'il fallait marier ce jeune homme. Tant de frivolité d'une part, tant de gravité de l'autre, venant à se rencontrer et fraternisant sur ce point, tendraient à prouver que le mariage est tout à la fois la chose du monde la plus plaisante et la plus sérieuse.

Bien que l'abbé n'eût ici-bas d'autres joies que la présence de son cher Hector, bien qu'il sentît son âme et sa vie tout entière partir et s'en aller avec lui à la mer, ce n'était pourtant pas l'égoïsme de la tendresse qui l'avait amené à cette conclusion. Ardente et passionnée, cette tendresse était austère aussi ; l'enthousiasme de la vertu qui l'embrâsait de son souffle divin, l'élevait au-dessus des faiblesses inhérentes à la plupart des affections humaines. L'abbé n'avait consulté en ceci que le bonheur de son élève. Il considérait le mariage comme le but de notre destinée sur la terre, et le bonheur n'étant à ses yeux que le développement le plus complet de ce que l'homme a de meilleur en soi, sans en excepter la faculté de souffrir, il estimait qu'il faut le chercher dans la famille, dût-on le plus souvent n'y rencontrer que la douleur.

Quant à mademoiselle Armantine, dans le parti pris de marier M. de Valcreuse, elle n'avait été frappée que de deux choses; la première, il faut le dire à sa louange, c'est que son frère ne s'éloignerait plus; la seconde, c'est qu'un jeune ménage égaierait l'antique manoir et l'embellirait d'une nouvelle vie. Comme il n'est fontaine si claire au fond de laquelle ne se cache quelque reptile, mademoiselle Armantine avait bien entrevu tout d'abord que le gouvernement du château passerait de ses mains entre celles de la jeune épouse; mais mieux vaut encore être demoiselle d'honneur dans une cour où l'on s'amuse que reine dans une cour où l'on s'ennuie. Mademoiselle Armantine fit cette réflexion, et je ne sais guère de femme qui ne l'eût faite à sa place. Le léger nuage dissipé, elle sauta de joie comme un enfant; puis, par un mélancolique retour qu'elle ne manquait jamais de faire sur elle-même, chaque fois qu'en sa présence il était question d'un mariage, elle rappela de quelle terrible flamme avaient brûlé pour elle le chevalier de R... et le marquis de C..., de quelles rigueurs elle les avait accablés l'un et l'autre, quelle catastrophe s'en était suivie, pendant que l'abbé, qui venait de s'asseoir, promenait d'un air distrait ses deux mains sur ses bas de soie.

Tramé par une matinée d'automne, le complot éclata dans la soirée du même jour. C'était après souper. Assis entre sa sœur et l'abbé, devant un de ces feux clairs de septembre, dont la flamme réjouit le retour du chasseur, M. de Valcreuse caressait ses chiens couchés sur la plaque de l'âtre, et ne s'attendait guère aux bordées qu'il allait essuyer. Il était là, souriant, paisible, sans défiance, quand tout d'un coup il entendit siffler à ses deux oreilles cette phrase partie en même temps de droite et de gauche :

— Ne pensez-vous pas, mon cher Hector, qu'il serait temps de vous marier?

Cela dit, profitant de l'espèce de stupeur dans laquelle venait de le plonger une attaque si brusque et si imprévue, sans lui donner le temps de se reconnaître et de se défendre, l'abbé d'un côté, mademoiselle Armantine de l'autre, jetèrent sur lui tous les grapins de l'hyménée ; ils mirent en œuvre tous les moyens dont on se sert communément pour amener un honnête homme à se laisser échouer sur les bas-fonds de la vie domestique. L'abbé l'entretint avec une affectueuse gravité ; tout ce qu'il dit sur la famille parut toucher M. de Valcreuse, habitué de bonne heure à l'écouter avec respect. Mademoiselle Armantine eut son tour. Ennuyée de voir sur quel ton le prenait l'abbé, ne doutant pas que sa parole ne produisît le même effet sur l'esprit d'Hector, elle l'interrompit au plus bel endroit de son discours, et fit, à la manière de Watteau, le tableau des fêtes galantes dont le château deviendrait le théâtre enchanté, grâce au mariage de son frère. M. de Valcreuse n'était pas d'humeur à prendre au sérieux de si folles raisons ; toutefois, comme il était bon et qu'il chérissait mademoiselle Armantine malgré ses travers, il ne put s'empêcher de sourire à l'espoir de lui créer un intérieur aimable, plus conforme à ses goûts, et de répandre autour d'elle quelques distractions. Une autre considération, à laquelle il ne se montra pas insensible, c'est que, s'il n'y veillait, son nom s'éteindrait avec lui. En résumé, la résistance fut moins longue et moins vive qu'on ne l'avait craint. Comme tous les hommes de haute énergie, M. de Valcreuse était, au logis, dans les habitudes de la vie privée, très doux et très facile à conduire. Le mariage, d'ailleurs, s'il ne l'attirait, ne le repoussait pas. Il risqua pourtant quelques objections. Jeune encore, sinon pour l'amour, du moins pour le service de l'Etat et du roi, il ne renoncerait pas sans douleur à une carrière qu'il aimait, dans laquelle s'étaient illustrés successivement son aïeul et son père; mais on répondit qu'en mettant les choses au pire, dût-il, une fois marié, retourner encore à la mer, il ne lui déplairait pas sans doute de se voir, au retour, accueilli sur le pas de sa porte par une jeune épouse et de jolis enfants. Dans sa pensée, l'abbé ajouta que cela vaudrait bien la figure de mademoiselle Armantine, tandis que mademoiselle Armantine se disait tout bas que ce serait toujours aussi réjouissant que le visage de l'abbé.

— Allons, dit M. de Valcreuse en souriant, je le veux bien, puisque vous le voulez; mais quel que soit mon désir de vous satisfaire, vous, mon cher abbé, vous, ma bonne Armantine, je ne saurais y arriver tout seul, — et je me vois dans la position d'une femme à qui, pour se marier, il ne manquerait qu'un mari.

Heureusement, les belles et riches héritières n'étaient pas rares dans la contrée. Le soir même, sans désemparer, mademoiselle Armantine les passa en revue et décida que dès le lendemain elle commencerait, en compagnie d'Hector, à explorer quelques châteaux voisins. Là-dessus, on se sépara pour aller se coucher. Si M. de Valcreuse dormit selon son habitude, il n'en fût pas de même de sa sœur, que la perspective d'une visite à faire eût suffi pour tenir éveillée toute la nuit. Le lendemain, au lever de l'aube, l'aimable demoiselle était déjà sur pied, préparant sa toilette, édifiant sa coiffure, joyeuse, alerte, sémillante, comme une jeune pensionnaire prête à partir en vacances, le matin d'une distribution de prix.

On peut croire que ces démarches préliminaires ne divertissaient pas M. de Valcreuse, mais sa sœur paraissait y prendre un plaisir si vif, qu'il s'y prêtait avec une grâce vraiment bien touchante. Cependant ils avaient battu à peu près tous les environs, et les choses n'étaient pas plus avancées que le premier jour.

— Consultez votre cœur, Hector, répétait mademoiselle Armantine après chaque visite.

Hector consultait son cœur qui ne lui disait absolument rien.

Mademoiselle Armantine commençait à désespérer, lorsqu'il lui arriva du ciel ou d'autre part un charmant secours sur lequel elle ne comptait pas.

Une après-midi que M. de Valcreuse, sa sœur et l'abbé étaient réunis dans le salon du gothique manoir, la porte s'ouvrit brusquement, et le plus joli des oiseaux qui gazouillaient alors dans les cages dorées qu'on appelait boudoirs, vint s'abattre sur le sein de mademoiselle Armantine qui couvrit son plumage de folles caresses et de tendres baisers.

C'était la petite marquise de Presmes; on eût dit, en effet, un oiseau des tropiques, à la voir si brillante, si vive, si légère, et l'on pouvait se demander pourquoi, au lieu de s'introduire par la porte, elle n'était pas entrée tout simplement par la fenêtre. Elle arrivait de Paris et venait achever la saison dans sa terre, où l'appelait d'ailleurs une assez grave affaire à terminer. Nous saurons tout-à-l'heure de quoi il s'agissait. Elle avait vingt-sept ans, de grands biens, et la liberté qui les vaut tous, son mari, qui n'était plus jeune, s'étant laissé mourir aux eaux de Bourbon-l'Archambault, dont elle disait des merveilles. Les sujets de joie, on le voit, ne lui manquaient pas. Elle n'était pas ingrate envers la destinée, reconnaissait volontiers que tous les bonheurs lui étaient venus à point, et montrait, par sa façon de les sentir et de les apprécier, qu'elle n'en était pas indigne. Elle était du pays de Bocage, et, sans l'avoir toujours habité, avait grandi dans le voisinage de mademoiselle Armantine qui s'était prise d'affection pour elle. Leurs goûts et leurs idées ayant exactement le même âge, elles s'aimaient comme deux sœurs jumelles et se figuraient aisément, mademoiselle Armantine surtout, qu'elles étaient nées le même jour et avaient joué dans le même berceau. Il y avait bien trois ans qu'elles ne s'étaient rencontrées; aussi, quelle joie, quels transports, quelles effusions d'amitié, tandis que l'abbé promenait en silence ses deux mains sur ses bas de soie, et que M. de Valcreuse, qui n'avait gardé de madame de Presmes qu'un souvenir très vague et très confus, l'examinait avec curiosité, comme il eût fait d'une de ces frégates en miniature qui ornent, dans les ports, la salle des modèles!

Cependant, avant de se retirer, l'heureuse veuve laissa voir une paille dans son diamant, un nuage dans l'azur de son ciel. La mort de M. de Presmes venait de lui mettre sur les bras une fille qu'il avait eue d'un premier mariage, de plus une nièce orpheline qu'il avait recueillie peu de temps avant d'expirer. On juge quel fardeau pour cet oiseau-mouche, d'autant plus lourd que les deux cousines, toutes deux sans fortune et sans beauté, ne promettaient pas d'être d'un placement facile. C'étaient, à l'entendre, d'assez maussades créatures, surtout mademoiselle de Presmes, qui tenait beaucoup de son père. Tout considéré, elle avait pensé que ces petites seraient on ne peut mieux au couvent des Ursulines de Machecoul. Leur éducation y serait poussée dans le sens monastique, et plus tard elles se résigneraient sans effort au seul parti qui convînt à leur position dans le monde. En réalité, c'était là ce qui l'amenait dans sa terre. Les petites l'accompagnaient; leur entrée au couvent était fixée au 1er novembre. Tout cela fut dit à tort et à travers, écouté avec distraction. Il était si peu rare alors de voir de pauvres filles entrer au couvent; ces incidents, ces drames de famille, étaient si communs, si vulgaires ; la résolution qu'avait prise madame de Presmes, tant d'autres femmes l'auraient prise à sa place, qu'on devait naturellement ne pas s'en préoccuper davantage. Mademoiselle Armantine et la jolie veuve se séparèrent avec force caresses, compliments et promesses de se visiter fréquemment.

Qu'on tâche maintenant de se représenter l'ivresse dans laquelle l'apparition de madame de Presmes avait jeté mademoiselle Armantine. Le mineur qui trouve un diamant, le plongeur qui trouve une perle n'éprouvent pas plus de joie que n'en ressentit mademoiselle Armantine en voyant ce gentil oiseau venir s'abattre sur son sein. C'était pour elle la belle-sœur rêvée, et rencontrée par enchantement. Madame de Presmes n'avait fait que paraître, et son mariage avec M. de Valcreuse était déjà arrêté dans l'esprit de l'excellente demoiselle. Toutefois, comme elle se défiait instinctivement de l'abbé, elle céla comme un trésor ses projets et ses espérances, se réservant d'en instruire Hector aussitôt qu'elle jugerait le cœur de ce jeune homme suffisamment préparé. Elle n'admettait pas qu'il pût longtemps résister à tant de grâce et de perfection. De son côté, M. de Valcreuse n'était pas sans agréments; il portait un des plus grands noms du pays, et l'on savait que madame de Presmes tenait par-dessus tout à la vieille noblesse. Ce qu'elle reprochait à son mari, après sa figure, son âge, son humeur et son caractère, c'était son marquisat de fraîche date. Mademoiselle Armantine ne douta donc pas un seul instant du succès de son entreprise. A quelques jours de là, prête à se rendre chez la jeune veuve, elle pria son frère de l'accompagner. M. de Valcreuse ne se sentait poussé vers ces parages ni par son cœur ni par l'abbé Gervais; cependant il céda par pure bonté d'âme, et, comme Renaud, se laissa entraîner dans les jardins d'Armide.

Ils partirent, sa sœur et lui, par une belle matinée, lui à cheval, elle en voiture à bœufs. Dans cette partie de la France, les grandes dames d'alors ne se promenaient guère autrement, à moins qu'elles ne préférassent aller en litière ou sur un palefroi. Mademoiselle Armantine avait pris soin, la veille, d'envoyer un exprès à madame de Presmes, qui les attendait à coup sûr.

Le trajet se fit en deux petites heures. Mademoiselle Armantine employa ce temps à composer la toilette qu'elle aurait le jour des noces de son frère. Pour M. de Valcreuse, il était rêveur et pensait à la mer, dont il retrouvait la voix mystérieuse dans les concerts du feuillage et du vent.

II

La visite de mademoiselle Armantine à madame de Presmes ne différa guère de celle qu'avait faite quelques jours auparavant madame de Presmes au château de Valcreuse. Les relations du monde n'étaient alors, comme aujourd'hui, qu'un échange de futilités aussi insaisissables que les bulles de savon qui s'irisent un instant aux rayons du soleil et s'évanouissent sans laisser de traces. Madame de Presmes, qui était allée recevoir ses hôtes au pied du perron, les introduisit dans une vaste salle assez triste où tout se ressentait d'un long abandon. L'habitation de la jeune veuve n'était d'ailleurs qu'un bâtiment de style moderne qui se donnait sottement des airs de château : cela sentait son parvenu d'une lieue, et ressemblait au marquisat de M. de Presmes. Il y avait loin de ce corps de logis flanqué de deux méchants pavillons aux bastions, aux créneaux, aux plate-formes de Valcreuse. C'était là le secret désespoir de madame de Presmes. Il n'eût tenu qu'à elle de se faire élever un manoir féodal, avec tours crénelées, fossés et ponts-levis;

mais à cela il eût toujours manqué la consécration des années, l'antique souvenir des aïeux. Elle ne descendait pas précisément du premier baron chrétien, et M. de Presmes, qu'elle n'avait épousé qu'à la condition qu'il la mènerait à la cour, avait dû forcément se borner à lui montrer la cour qui passait en carrosses. Avec ses grands biens, elle en était réduite à ne voir à Paris que la noblesse de robe et la finance. Elle ne s'en plaignait pas, mais tout bas elle enrageait. C'est ainsi qu'il n'est bonheur si parfait qui ne soit rongé d'un ver caché, et le plus souvent ce ver rongeur est la vanité.

Tandis que mademoiselle Armantine et madame de Presmes, assises sur un canapé de tapisserie en point de Beauvais s'entretenaient des graves préoccupations qui se disputaient leurs jours, M. de Valcreuse, qui prenait peu de part à l'entretien, faisait une pauvre figure. Il observait d'un air distrait, à l'autre extrémité du salon, dans l'embrâsure d'une fenêtre, deux jeunes filles qui s'étaient levées en le voyant paraître avec sa sœur, et, sur un signe de madame de Presmes, s'étaient rassises en silence autour d'une table de marqueterie. Toutes deux étaient occupées à de menus ouvrages : l'une brodait et l'autre parfilait. La plus jeune n'était qu'un enfant qui comptait quinze ans à peine. Blonde, blanche, rose, les yeux bleus et la bouche en cœur, elle offrait le type de beauté alors à la mode, dans ce qu'il avait de plus gracieux et de plus charmant. On eût dit une figure détachée d'une des toiles de Boucher. Elle était mise avec recherche, et paraissait vivement préoccupée de la présence d'Hector et de sa sœur, du côté de qui se tournait à chaque instant son regard espiègle et curieux. La plus âgée avait de dix-sept à dix-neuf ans au plus. Elle était en habits de deuil ; pensive, réfléchie, sérieuse, elle devait nécessairement passer pour peu belle, dans une époque de mouches et de poudre, de fanfreluches et de chiffons. Il en est de la beauté comme du génie : elle doit venir en son temps. Quoiqu'elle fût assise et penchée sur sa broderie, on voyait qu'elle était grande, mince, élancée. Ses cheveux étaient noirs ; elle ne portait pas de poudre. Elle était pâle et n'avait pas de rouge. Indifférente à ce qui se passait autour d'elle, de loin en loin elle levait sur sa jolie compagne de beaux yeux noirs qui prenaient alors une expression tendre et maternelle.

— Ce sont là vos jeunes récluses? dit à demi-voix mademoiselle Armantine qui les avait à peine remarquées en entrant.

— Eh! mon Dieu, oui! répliqua Madame de Presmes sur le même ton et en soupirant. Je vous demande, ma chère, s'il y aurait du bon sens à vouloir qu'à mon âge, je servisse de mère à ces deux grandes filles?

— En effet, ma chère, ce ne serait pas raisonnable. N'est-ce pas votre avis, Hector ?

— Tout à fait, ma sœur, répondit froidement M. de Valcreuse.

— La petite paraît gentille, elle a bon air, ajouta mademoiselle Armantine qui l'examinait avec complaisance.

— C'est la cousine de Mademoiselle de Presmes que vous voyez à la même table. Elle ne sera pas trop mal; malheureusement elle n'a pas le sou.

— Vous la nommez ?

— Irène.

— Irène, c'est un joli nom. Elle sera charmante en ursuline.

— C'est ce qu'il faudrait lui persuader, ma chère. Elle aime la toilette, le monde, et se démène comme un diablotin dans un bénitier, depuis qu'elle sait qu'elle doit entrer au couvent.

— Mademoiselle de Presmes a l'air bien morose, ma chère.

— Oh! celle-là, c'est une autre affaire; elle se nomme Gabrielle, et pourtant, ce n'est pas un ange. Telle vous la voyez à présent, telle vous la verrez à toute heure, toujours aussi gaie et d'une compagnie aussi réjouissante. Depuis longtemps je la soupçonne de donner dans les grands sentiments. Par exemple, elle s'obstine à ne pas quitter le deuil, bien que le marquis soit mort depuis plus d'un an. Comment la trouvez-vous ?

— Dame ! la pauvre enfant n'est pas belle, et n'a rien de ce qui peut plaire aux gens de goût. Ne le pensez-vous pas, Hector ?

— Mais, ma sœur, répondit M. de Valcreuse, Mademoiselle de Presmes a l'air grave, posé, recueilli ; je pense que cet air qui ne messied à personne, convient parfaitement à une jeune fille qui porte encore le deuil de son père.

A ces mots, Madame de Presme se leva et proposa un tour de promenade dans le parc. En passant, pour gagner la porte du salon, devant l'embrâsure de la fenêtre où se tenaient les deux cousines, mademoiselle Armantine s'arrêta, et, leur adressant la parole avec bienveillance :

— Voici un beau jour qui se prépare pour vous, mes chères demoiselles. Vous êtes bien heureuses ; dans un mois, m'a-t-on dit, vous entrez au couvent. Vous y goûterez des joies si pures, et en même temps si enivrantes, que vous ne voudrez plus en sortir. Le bonheur n'est que là, mes enfants : le chercher ailleurs est folie.

— Ah! Madame, répondit Irène qui riait et pleurait à la fois, puisqu'on est si bien au couvent, vous plairait-il d'y aller à ma place.

Mademoiselle Armantine ne put s'empêcher de rire. Du revers de sa belle main blanche, elle caressa la joue d'Irène ; puis, suivie de son frère, qui s'inclina respectueusement devant les jeunes filles, elle sortit en disant à Madame de Presmes :

— Cette petite est vraiment fort bien. Pour Gabrielle, vous aviez raison l'autre jour : elle est décidément maussade.

M. de Valcreuse s'était arrêté machinalement dans la salle d'entrée, à examiner quelques gravures d'après les marines de Joseph Vernet. Lorsqu'il descendit dans le parc pour rejoindre sa sœur et Madame de Presmes, il les aperçut qui disparaissaient toutes deux au détour d'une allée.

Secrètement charmé de voir que ces dames ne réclamaient pas sa présence, il se prit à marcher lentement le long d'une plate-bande d'asters et de chrysanthèmes qui courait au pied du château. Tout à coup, il entendit au-dessus de sa tête le babil de deux voix, pareil au gazouillement de deux pinsons sur la même branche, par une matinée d'avril. Il leva les yeux et comprit qu'il se trouvait sous la fenêtre, dans l'embrâsure de laquelle travaillaient Gabrielle et Irène. Comme la journée était belle, les deux jeunes filles avaient ouvert leur croisée aux derniers adieux du soleil, si bien que M. de Valcreuse pouvait entendre distinctement tout ce qu'elles disaient dans la chambre. Il s'arrêta pour les écouter.

— Eh bien! non, je ne le crois pas, disait une voix argentine et mutine qui ne pouvait être que celle d'Irène; encore à cette heure, je ne le crois pas. Moi qui me ferais scrupule de mettre un bouvreuil en cage, je ne puis croire qu'on veuille nous mettre aux Ursulines avec l'intention de nous y laisser.

— Ne te fais pas d'illusion, cousine, répondit une voix douce et grave; notre destinée est arrêtée; le seul parti qu'il nous reste à prendre est désormais la résignation. Tu n'as rien, mon enfant, et moi, je n'ai pas davantage. Aveuglé par sa folle tendresse pour une femme qui en était peu digne, mon père m'a dépouillée autant qu'il l'a pu faire. Qu'il repose en paix, je ne lui en veux pas. Il a voulu tout réparer, mais il était trop tard, et ses yeux ne se sont ouverts qu'au moment où la mort allait les fermer pour toujours. Mon pauvre père! il nous aimait pourtant. Que sa mémoire nous soit chère!

— O mon Dieu! mon Dieu! c'est donc vrai! au couvent! s'écria la première voix avec l'emportement d'un filet d'eau révolté contre un caillou qui l'arrête au passage.

— Que veux-tu, cousine? nous y serons plus heureuses que nous ne l'avons été depuis longtemps. Tu pleures, pauvre petite! Vois, je pleure aussi, moi... Oui, mon Dieu! ce sera bien triste de ne plus voir qu'à travers les barreaux ce doux soleil et ces charmants ombrages.

— Encore si c'était dans un couvent de Paris. C'est à Paris que nous sommes nées; c'est là que nous avons grandi. Là, du moins, du fond de nos cellules, nous entendrions le bruit des voitures. Cela nous distrairait un peu, et quand par hasard on nous ferait appeler au parloir, nous aurions la chance d'apercevoir quelque beau jeune homme à travers la grille; mais dans un couvent de Machecoul! ah! c'est être au couvent deux fois. Machecoul! quel affreux nom! Tu ne trouves pas, Gabrielle? On dirait le nom d'une horrible bête. Rien qu'en le prononçant je frissonne de la tête aux pieds.

— Va, cousine, le nom et le lieu ne font rien à l'affaire. Il n'est pas de belle prison ni de patrie sans la liberté. Aimons-nous et résignons-nous. Souffrir n'est rien lorsqu'on est deux et que l'on s'aime.

Ici les deux voix se turent, et M. de Valcreuse entendit comme un bruit de colombes se becquetant sous la feuillée.

Il s'éloigna à pas lents et s'enfonça dans une allée du parc.

Pendant qu'il errait au hasard, Mademoiselle Armantine, qui ne perdait pas de vue ses projets, était déjà occupée à jeter à Madame de Presmes l'hameçon doré auquel la jolie veuve ne demandait pas mieux que de se laisser prendre.

— Jeune et jolie comme vous êtes, il faut vous remarier, disait Mademoiselle Armantine à Madame de Presmes qui l'écoutait en mordillant une rose de Bengale, fraîche comme elle, comme elle sans parfum. Voilà plus d'un an que le marquis est mort; vous ne pouvez pas, vous ne devez pas vivre dans un veuvage éternel.

— Armantine, que me conseillez-vous ? Je sors d'un cachot et vous me proposez d'y rentrer.

— Tous les hommes, Dieu merci ! ne ressemblent pas à M. de Presmes. J'en ai connu de séduisants ! Il n'eût tenu qu'à moi d'épouser le chevalier de R... ou le marquis de C... Vous savez, hélas ! comment l'un et l'autre finirent ?

— Hélas ! oui, vous me l'avez conté.

— Vous comprenez qu'une pareille tragédie suffit à remplir tout une existence ; je ne me marierai jamais. Je dois bien cela à la mémoire du marquis et du chevalier. Mais vous, ma toute belle, nul

orage n'a troublé le gai printemps de
votre vie; vous pouvez céder sans remords
aux sollicitations de l'Hymen, qui brûle du
désir de vous faire oublier les ennuis qu'il
vous a causés. Je voudrais vous voir un
mari jeune encore, et pourtant ayant assez vécu pour que vous puissiez vous appuyer sur lui avec une douce confiance.
Je le voudrais de bonne race et de grande
maison, portant fièrement le nom de ses
aïeux, occupé au service du roi et de l'État; outre qu'un gentilhomme oisif n'entretient pas l'éclat de son blason, rien à
la longue n'est gênant pour une femme
comme un mari qui n'a qu'à bayer aux
corneilles. Je parierais que M. de Presmes
était toujours pendu à vos paniers. Enfin,
et surtout, je voudrais que le mari de ma

charmante fût en position de la présenter à la cour, car, on ne saurait trop se le dire, il n'y a que la cour en ce monde. Qui n'a pas vu la cour n'a rien vu. Ce fut le vingt-cinq janvier de l'année dix-sept cent..., je ne me souviens pas au juste de l'année, que mon père m'y conduisit pour la première fois. Ah! quel jour! C'est assez d'un tel jour dans une destinée pour en parfumer jusqu'à la dernière heure. J'étais en robe détroussée, de damas de Gênes, avec garniture...

— De dentelles en point de Venise, s'empressa d'ajouter Madame de Presmes pour montrer qu'elle n'avait rien oublié.

— Ah! ces souvenirs me poursuivront

toujours ! Je reviens à vous, chère belle. Avec un mari taillé sur ce patron, quelle existence enchantée ne serait pas la vôtre ! Que de fêtes autour de vous, soit qu'il vous plût de rester dans vos terres, soit qu'il vous agréât d'aller de temps en temps passer quelques mois à la ville ! Et quelle joie pour toutes deux, si votre choix se portait sur un gentilhomme de mon voisinage, de vivre l'une près de l'autre, de ne plus nous quitter jamais ! Pour moi du moins ce serait la félicité suprême : car, vous le savez, Zénaïde, je vous aime comme une sœur,

— Mais, Armantine, vous en parlez trop à votre aise, répliqua Madame de Presmes. A vous entendre, je n'aurais qu'à étendre la main pour qu'elle fût aussitôt saisie par le modèle des amants, des maris et des preux.

— C'est bien ainsi que je l'entends, répondit mademoiselle Armantine avec un fin sourire.

— La liberté est douce : elle est bonne à garder.

— C'est un trésor qu'il n'est bon d'avoir que pour se hâter de le perdre.

— Je me suis laissé dire, Armantine, que votre frère cherche à se marier? reprit, sans avoir l'air d'y toucher, Madame de Presmes, après quelques instants de silence.

— On vous a dit vrai, ma charmante, répliqua mademoiselle Armantine, qui déjà triomphait en secret.

— Et sans doute son choix est fait?

— Mon amour, non pas que je sache.

— M. de Valcreuse paraît grave, sérieux, peu expansif. Je crois qu'il lui faudrait une femme vive sans légèreté, mondaine sans coquetterie, qui répandît autour de lui un peu de mouvement, de vie et de gaîté. Je lui voudrais une femme jeune encore, et pourtant ayant assez vécu pour connaître le monde, et ne rien ignorer de ce qui peut embellir l'intérieur d'un époux. Enfin, et surtout, je lui voudrais une femme dont l'opulence lui permît de mener un train de roi, soit qu'il lui plût de rester dans ses terres, soit qu'il lui agréât d'aller de temps en temps passer quelques mois à la ville.

●

— Vous avez, mon ange, autant d'esprit que de beauté, autant de raison que de grâce.

— Ce n'est pas seulement le bonheur de M. de Valcreuse que je considère, c'est aussi le vôtre, Armantine. Quelle existence avez-vous au fond du château de vos pères? Dans l'éclat de vos jours, vous vous étiolez tristement à l'ombre de vos tours et de vos créneaux. Que devenez-vous, par exemple, en l'absence de votre frère? Vous avez l'abbé qui vous tient compagnie. Autant que j'en ai pu juger par une première entrevue, M. l'abbé n'est pas divertissant.

— Divertissant, lui, l'abbé! c'est l'ennui.

— C'est ce qu'il m'a semblé. Cependant, avec une belle-sœur taillée sur le patron que je viens de vous laisser voir, quelle existence enchantée ne serait pas la vôtre! Que de mouvement autour de vous! que d'animation! quelles fêtes!

— Nous donnerions des tournois! s'écria mademoiselle Armantine avec explosion.

— Des tournois, des carrousels, tout ce qui s'ensuit. Et quelle union touchante entre elle et vous! comme vous vous entendriez l'une et l'autre! Comme il enragerait, M. l'abbé! quels jolis tours vous pourriez lui jouer à vous deux!

A ce petit tableau de genre, mademoiselle Armantine fit un effort sur elle-même pour ne pas inonder Madame de Presmes de larmes d'attendrissement.

— Voilà, oui, voilà bien la belle-sœur que j'ai rêvée! C'est trait pour trait la femme qui convient à mon frère Hector, s'écria la bonne demoiselle, parvenue au plus haut point de l'enthousiasme, et se contenant à grand'peine.

— A ce compte, vous comprenez qu'une jeune fille, simple, naïve, n'ayant jamais quitté la robe de sa mère, ne saurait réaliser aucun de vos rêves. M. de Valcreuse s'ennuierait bientôt d'une telle compagne; pour vous, ce serait pis encore. Voyez-vous, Armantine, si charmante qu'elle puisse être, une jeune fille est toujours quelque chose d'insignifiant.

— Ne me parlez pas des toutes jeunes filles, répondit mademoiselle Armantine avec un haut dédain; je n'ai jamais compris, pour ma part, le goût qu'en général montrent les hommes pour ces petites sottes. Ce n'est qu'à notre âge que les femmes ont toute leur valeur.

— Assurément. Eh bien! ma chère, ajouta Madame de Presmes en riant, trouvez-moi le mari qu'il me faut, et je me charge de vous procurer la belle-sœur dont vous avez besoin.

Toutes deux se turent en apercevant M. de Valcreuse qui s'avançait vers elles. Il n'était pas besoin d'un mot de plus; elles s'entendaient à merveille. Toutefois, comme M. de Valcreuse était encore assez loin pour leur permettre d'échanger en liberté une phrase ou deux :

— Peut-être ne serait-il pas inutile, dit

à la hâte mademoiselle Armantine, que l'ange que vous destinez à mon cher Hector possédât préalablement quelques notions sur son caractère. Hector est un marin, étranger au monde, inhabile en amour. Il s'entend mieux à prendre une frégate qu'à subjuguer une jeune beauté. Il est homme à passer près du bonheur sans l'apercevoir, si le bonheur ne va droit à lui et ne le saisit par la main.

M. de Valcreuse n'était plus qu'à quelques pas.

Madame de Presmes alla droit à lui, prit son bras avec une grâce familière, et, sans plus tarder, se mit en devoir de pénétrer dans la place dont mademoiselle Armantine venait de lui livrer les clés.

Elle ne manquait pas de cet esprit du monde qui n'est en réalité que la petite monnaie de l'esprit. J'ai dit qu'elle ressemblait à un oiseau, tant elle était vive et légère ; elle tenait aussi de la couleuvre par je ne sais quoi de souple et d'enlaçant. Comme elle joignait à la frivolité de son caractère une grande sécheresse de cœur et une absence complète de bonté, elle cachait sous sa légèreté de colibri une humeur moins facile, une volonté plus âpre qu'on n'aurait pu d'abord le supposer en la voyant. C'est en cela qu'elle différait de mademoiselle Armantine, douce créature, parfaitement inoffensive. En apprenant que M. de Valcreuse était de retour de ses

campagnes, et qu'il songeait à se marier,
la jeune veuve avait pensé aussitôt à le
donner pour successeur au marquis de
Presmes. Elle n'ignorait pas qu'une alliance avec les Valcreuse avait été de tout
temps la secrète ambition de sa famille.
Les Valcreuse n'étaient ni marquis, ni
comtes, ni mêmes chevaliers; ils étaient
Valcreuse, tout simplement, et c'était
assez. J'aime les grands noms qui, pour
s'élever, n'ont pas eu besoin de monter
sur un titre. Ce n'était pas précisément ce
qui séduisait Madame de Presmes; toutefois, étant née, ayant grandi dans le pays
où les Valcreuse tenaient, comme on dit,
le haut du pavé depuis plusieurs siècles,
elle avait été frappée de bonne heure de
l'antique éclat qui environnait leur mai-

son. Ajoutez que l'unique et dernier héritier de cette noble race était beau, jeune encore, illustre déjà par lui-même, qu'à son retour de l'Inde, le roi l'avait embrassé devant toute la cour, et vous reconnaîtrez sans peine que la fantaisie de Madame de Presmes n'avait rien qui dût étonner. Non que la jolie veuve eût un goût vif et prononcé pour Hector. Elle le trouvait un peu froid, un peu sérieux, un peu compassé ; cependant il y avait dans sa gravité même quelque chose qui la piquait au jeu et ne lui déplaisait pas. En général, les femmes n'aiment pas les hommes supérieurs, qui, presque tous, les humilient sans le vouloir on les ennuient sans s'en douter. Elles mettent pourtant leur gloire à se les attacher, et comme les triomphateurs romains, veulent un roi captif à leur char. Satisfaction de vanité qu'elles paient par plus d'un mécompte : pas une d'elles n'en conviendra.

Ils allaient tous trois le long des charmilles, mademoiselle Armantine à côté de son frère, madame de Presmes suspendue comme une liane au bras d'Hector, ainsi placée entre les deux complices qui venaient de tramer sa perte ou son bonheur. Jamais la petite marquise n'avait été d'une grâce plus agaçante ; jamais ses yeux n'avaient brillé d'un si vif éclat ; jamais plus jolis riens n'étaient sortis de sa bouche charmante. M. de Valcreuse l'écoutait gravement ; mademoiselle Armantine l'admirait en silence et ne doutait pas que son frère ne succombât à tant de séductions. Insensiblement, madame de Presmes en vint à rappeler qu'enfants ils avaient joué, elle et lui, dans le parc et sur les plate-formes du château de Valcreuse. Hector, qui s'en souvenait à peine, se défendit pourtant de l'avoir oublié.

— Vous étiez mon chevalier, ajouta madame de Presmes avec gaîté. Vous portiez mes couleurs, et déclariez à tout venant que vous n'auriez jamais d'autre dame.

Pour le coup, M. de Valcreuse répondit :

— Ma foi! madame, je ne m'en souviens pas.

Puis, de détour en détour, elle en arriva à l'entretenir de lui-même, de ses campagnes, de la mer qu'il aimait, de ses combats, de sa jeune gloire. Elle exigea d'une voix impérieuse et tendre que M. de Valcreuse racontât l'affaire de l'*Intrépide* et de l'*Invincible*. Hector raconta l'affaire en deux mots. Madame de Presmes chanta sur tous les tons tant de valeur unie à tant de modestie.

— Ah! que je serais fière d'être votre sœur, disait-elle, et que vous êtes heureuse, Armantine! Appréciez bien votre bonheur.

Enfin, elle lui parla avec une discrète sollicitude de ses projets, de ses espérances et de son avenir. Mademoiselle Armantine, qui s'extasiait à chaque parole de sa jeune amie, et dont le cœur s'exhalait tout bas en hymnes d'allégresse, mademoiselle Armantine pensait avec délices qu'après deux ou trois sommations du genre de celle-ci, Hector serait obligé d'amener son pavillon.

Cependant il se faisait tard : les soirées étaient courtes, et déjà le soleil commençait à descendre vers l'horizon. Hector fit observer à sa sœur qu'ils devaient se disposer à reprendre le chemin de Valcreuse. Madame de Presmes, jalouse sans doute d'achever sa victime, voulut les retenir à souper ; mais, peu désireux de prolonger cette journée, Hector, ayant objecté, à cause de sa sœur, la fraîcheur du soir, mademoiselle Armantine dut finir, bon gré mal gré, par se rendre aux raisons de son frère.

Après avoir embrassé mademoiselle Armantine, la marquise tendit sa main à Hector.

— Cette journée a passé comme une heure, lui dit-elle. Aux regrets que vous me laissez, mêlez du moins une espérance. Quand vous reverrai-je, Monsieur?

En cet instant, M. de Valcreuse aperçut, dans un rayon de soleil couchant, la pâle figure de Gabrielle et la blonde tête d'Irène qui, pour le voir s'éloigner, se penchaient curieusement à la même fenêtre. On eût dit un lys et une rose épanouis sur le même balcon.

Il porta froidement à ses lèvres la main de madame de Presmes, et répondit :

— Bientôt.

Si brève qu'elle fût, cette réponse remplit de joie le cœur des deux amies ; l'une et l'autre n'en demandaient pas davantage.

Hector et sa sœur s'en allèrent comme ils étaient venus, lui à cheval, elle en voi-

ture à bœufs, l'un rêveur et l'autre radieuse.

De même qu'en venant, M. de Valcreuse écoutait les concerts du vent et
du feuillage ; mais il ne pensait plus à la
mer.

III

Jusqu'à ce jour, M. de Valcreuse avait dirigé toutes ses excursions du côté de la mer. Soit qu'il chassât, soit qu'il courût le pays à cheval, soit que tout simplement il sortît en compagnie de l'abbé, pour faire une promenade dans les environs, c'était toujours vers la côte qu'il se sentait irrésistiblement entraîné. Le murmure et l'éclat des vagues l'attiraient et le fascinaient. Que de fois, assis sur un des rochers qui bordent la grève, ne s'était-il pas oublié jusqu'au soir dans une muette extase, écoutant comme une musique céleste l'éternelle plainte dont l'Océan remplit ses rivages, aspirant avec ivresse les exhalaisons salines, suivant d'un œil jaloux les voiles fugitives qui blanchissaient à l'horizon comme des ailes de goëland! D'autres fois, il se plaisait à lancer son cheval au galop sur la plage, à le faire piétiner dans l'écume de la marée montante. Les goûts de notre héros étaient bien connus de ses gens, qui, lorsqu'ils le voyaient en selle et prêt à partir, ne manquaient jamais de dire entre eux : « Voici M. Hector qui s'en va faire les doux yeux à sa maitresse ! » C'était, en effet, comme une maîtresse qu'il aimait la mer. Il l'aimait comme la confidente de tous ses rêves de jeunesse et de gloire ; il avait trente ans, et ne connaissait pas d'autre amour. Le bruit des flots résonnait à son cœur comme aux oreilles d'un destrier la voix des clairons et le fracas des armes.

Cependant, à compter de ce jour, les chasses, les courses à cheval, les promenades solitaires, prirent une autre direction ; il ne s'écoula pas une semaine sans que M. de Valcreuse allât au moins une fois au petit castel de madame de Presmes, qui serrait de plus en plus les mailles du filet dans lequel elle ne doutait pas que ce jeune homme ne fût pris déjà. Il est vrai que l'attitude d'Hector n'avait pas changé depuis le premier jour; il est encore vrai que M. de Valcreuse ne paraissait pas soupçonner les pièges que la marquise multipliait autour de lui avec une grâce toujours croissante; enfin il est très vrai que, depuis trois semaines, les choses n'avaient pas fait un pas et que madame de Presmes, si l'on devait en juger par les apparences, courait grand risque d'en être pour ses frais d'appeau; mais, connaissant le caractère réservé de cet étrange soupirant, loin de s'inquiéter de sa froideur et de son silence, elle y voyait le signe irrécusable d'une passion d'autant plus profonde qu'elle faisait moins de bruit et n'osait pas se déclarer. Mademoiselle Armantine l'encourageait et l'entretenait dans ses illusions. Les deux amies se visitaient fréquemment. Il n'est pas besoin d'insister sur le but de leurs entrevues et le sujet de leurs entretiens. Elles avaient quitté les voies tortueuses de l'allusion et de l'insinuation pour aborder la question franchement, et jouer, comme on dit, cartes sur table. Telle était leur confiance dans le succès de leur entreprise, qu'elles disposaient ensemble de l'avenir et composaient paisiblement le poème de leur existence.

Il était décidé qu'elles passeraient tous les ans quatre mois d'hiver à Paris, et la belle saison à Valcreuse, qui deviendrait le point de ralliement de tout ce qu'il y avait alors de jeune, de beau parmi la noblesse des environs. Mademoiselle Armantine songeait sérieusement à ressusciter dans le domaine de son frère les jeux de la chevalerie. Elle ne rêvait que tournois, passe-d'armes, joûtes à lances courtoises, et s'occupait de choisir l'emplacement qui servirait de lice et de champ-clos.

Déjà, par la pensée, madame de Presmes s'était emparée de son nouvel empire. En l'absence d'Hector, elle courait comme un furet dans les appartements du château, indiquant à mademoiselle Armantine, d'un ton où se trahissait l'ambition du commandement, les réparations à faire, les innovations à introduire, les meubles, les lambris, les tentures à renouveler. Ce qu'il y avait de vraiment plaisant dans tout ceci, c'était la figure de l'abbé, qui les observait toutes deux d'un air narquois. L'abbé paraissait ne rien comprendre et tout ignorer ; seulement, il avait une façon de les regarder en silence qui les irritait au-delà de toute expression, sans qu'elles pussent s'expliquer pourquoi. La petite marquise l'avait pris en grippe. Un jour elle demanda si le lendemain du mariage on ne le congédierait pas ; mais ici, mademoiselle Armantine montra son bon naturel : elle répliqua assez vertement que son frère n'y consentirait jamais.

—Que voulez-vous, ma chère ? dit-elle à madame de Presmes qui s'en étonnait ; c'est une de ses faiblesses ; et moi-même, vous l'avouerai-je ? je suis tellement habituée à voir l'abbé Gervais rôder sous notre toit, je le sais si dévoué à notre maison, si attaché à mon frère Hector, que je pourrais bien le regretter, lorsqu'il ne serait plus là.

Un sourire de dédain presqu'imperceptible effleura les lèvres de la marquise, qui se promit tout bas de faire en sorte qu'au bout de six semaines mons l'abbé fût obligé de lever le pied et de déguerpir du logis. Elle avait dans l'esprit bien d'autres desseins que celui-là, non moins arrêtés, dont elle ne parlait pas, et qui eussent singulièrement surpris mademoiselle Armantine, si l'aimable demoiselle les eût seulement soupçonnés. Madame de Presmes l'accablait de protestations d'amitié, flattait ses travers, épousait ses ridicules, le tout uniquement pour arriver à ses fins. Dans son for intérieur, elle ne la ménageait guère, et lui réservait en secret une destinée moins brillante que les folles images qu'elle faisait passer devant ses yeux. Elle était bien décidée, par exemple, à ne pas l'emmener avec elle à Paris, et à la reléguer modestement sur le second plan de son existence. Il y avait en elle, je l'ai déjà dit, un égoïsme plus raisonné, une volonté moins complaisante que son plumage et son ramage ne l'auraient donné à penser.

Comme on pourrait, en fin de compte, se demander ce qu'allait faire M. de Valcreuse au pigeonnier de la marquise, voici, en peu de mots, à quoi se bornaient ses visites. Il entrait, saluait gravement madame de Presmes, s'inclinait avec respect devant les deux jeunes filles qu'il trouvait constamment, à quelque heure qu'il arrivât, assises et travaillant, comme le premier jour, dans la même embrasure de fenêtre. Jamais il ne leur adressait un mot ; à madame de Presmes, pas une question qui les concernât. Les noms de Gabrielle et d'Irène ne sortaient jamais de sa bouche. Il restait volontiers au salon jusqu'à ce que la marquise lui prît le bras et l'entraînât doucement dans le parc, où elle redisait, chaque fois avec de nouvelles variantes, toujours avec le même succès, la scène que nous lui avons vu jouer en présence de mademoiselle Armantine.

Près d'Hctor, le farouche Hippolyte n'était qu'un berger de l'*Astrée,* un héros de la *Polexandre*. M. de Valcreuse parlait de la pluie et du beau temps, de la chasse du lendemain ou de la chasse de la veille, et se retirait comme il était venu, après avoir baisé avec une froide politesse la main que lui tendait la jeune veuve, consternée et furieuse de voir qu'elle avait jeté encore une fois sa plus fine poudre aux mésanges. En vérité, les choses ne se passaient pas autrement.

Madame de Presmes avait, on le conçoit, ses heures de découragement et de dépit, de révolte et de désespoir. Elle s'en ouvrait à mademoiselle Armantine, qui, naturellement portée à voir tout en beau, lui disait :

— Vous n'êtes qu'un enfant et seule vous doutez du pouvoir de vos charmes. Allez, je connais mon frère, et sais mieux que vous ce qui s'agite en lui. Zénaïde, les feux les plus terribles ne sont pas ceux qui jettent le plus de flamme. Le véritable amour est timide, discret, silencieux. Voyez le chevalier de R... et le marquis de C... Ils ne laissaient rien paraître de l'incendie que j'avais allumé dans leur sein ; c'étaient deux volcans sans fumée et sans étincelles. Vous savez pourtant s'ils brûlaient !

— Mais, ma chère, répliquait Zénaïde

d'un ton boudeur, monsieur votre frère est aussi par trop timide, silencieux et discret. Voilà plus d'un mois que je joue son rôle; M. de Valcreuse ne paraît pas seulement s'en douter. Je ne sais pas comment s'y prenaient avec vous le chevalier de R... et le marquis de C... Ce que je tiens pour sûr, c'est que monsieur votre frère s'y prend avec moi d'une étrange sorte.

— Que cette jolie moue sied bien à vos lèvres de rose! reprenait mademoiselle Armantine, qui tremblait de voir ses rêves s'envoler. Voyons, apaisez-vous, ma charmante. Vous doutez des sentiments d'Hector : jugez de l'état de son cœur. Depuis un mois, Hector est distrait, rêveur, taciturne. L'abbé lui-même en est frappé, il s'en alarme; tout à l'heure il m'en parlait. Pourquoi distrait depuis un mois? pourquoi depuis un mois taciturne et rêveur? C'est à vous que je le demande. Vous n'ignorez pas son amour pour la mer? Avant votre retour, il passait son temps sur la côte; depuis un mois, pourquoi n'y va-t-il plus? Il est d'humeur sauvage, et vit plus loin du monde dans son château que sur le pont de son navire. Cependant, combien de fois déjà a-t-il franchi le seuil de votre porte? Qui l'attire chez vous, enfant, si ce n'est vous? Vous voyez donc bien qu'il vous aime; mais, dame! ce n'est pas un muguet.

Ces paroles, et d'autres encore, rendaient à madame de Presmes la confiance et l'espoir qui d'ailleurs, quoiqu'elle pût dire, ne l'abandonnaient jamais entièrement. Pour mademoiselle Armantine, elle était de très bonne foi. Bien que la réserve et la discrétion ne fussent pas au nombre de ses qualités, comme elle savait, sinon par expérience, du moins pour l'avoir lu quelque part ou se l'être laissé conter, que l'amour est, de sa nature, bizarre, capricieux, toujours prêt à tourner à gauche pour peu qu'on veuille le pousser à droite, mademoiselle Armantine n'avait pas essayé d'agir sur le cœur de son frère et s'abstenait même de l'interroger ; seulement elle l'observait, et les symptômes qu'elle signalait à la marquise pour la rassurer, le témoin le plus désintéressé eût pu les signaler comme elle. Le fait est que depuis quelque temps, **M.** de Valcreuse se montrait taciturne, distrait, rêveur. Que se passait-il en lui ? Il est permis de l'ignorer, puisque lui-même l'ignorait.

L'automne touchait à sa fin. L'ajonc, ce genêt de l'hiver, était en fleurs sur le bord des sentiers. Les oiseaux voyageurs avaient achevé leur migration ; on n'apercevait plus que de loin en loin quelques bataillons de grues retardataires qui filaient lentement sous le bleu gris du ciel. Les corbeaux s'attroupaient et s'abattaient dans la lande ; le roitelet et le rouge-gorge voletaient avec inquiétude sur les haies, qui ne les cachaient plus. Cependant la saison était belle encore : comme une languissante et douce créature qui ne sait pas la mort si près, et dont la vie s'exhale dans un pâle sourire, la nature souriait sans défiance à Novembre qui s'approchait.

Un soir, en revenant de la chasse, comme il passait près du castel de la marquise, par hasard et sans intention de s'y arrêter, M. de Valcreuse crut reconnaître à la grille la voiture de mademoiselle Armantine. Ayant conclu de là que sa sœur était chez madame de Presmes, il entra. Il montait les marches du perron, quand tout-à-coup ses chiens, qu'il avait laissés sous la garde d'un piqueur, s'échappèrent coururent à lui, prirent les devants, et, quoiqu'il pût faire pour les renvoyer, se précipitèrent follement dans le salon, dont la porte était entr'ouverte.

Ce fut pendant quelques instants un remue-ménage infernal, un épouvantable vacarme. Deux lévriers et six chiens courants se roulaient sur les fauteuils, gambadaient sur les canapés en aboyant à qui mieux mieux. Ce petit divertissement tenait tout ensemble du concert et du ballet. L'apparition et la voix du maître firent cesser les joyeux ébats. Danseurs et concertants s'esquivèrent l'oreille basse ; il ne resta que les deux lévriers, qui, en voyant paraître Hector, s'étaient réfugiés tous tremblants entre les pieds des deux cousines. Gabrielle et Irène se mirent à les caresser. M. de Valcreuse s'aperçut alors qu'il n'y avait au salon que les pupilles de madame de Presmes; pour la première fois il se trouvait seul avec elles. La marquise était dans son appartement avec la supérieure des Ursulines. Quant au rustique équipage qu'il avait cru reconnaître à la grille, c'était tout simplement une voiture venue de Machecoul à l'unique fin d'emmener les jeunes filles au couvent. On était au premier novembre. Irène apprit tout cela à M. de Valcreuse, pendant que Gabrielle flattait de la main le museau effilé et couleur d'ardoise qu'un des lévriers allongeait sur ses genoux avec une craintive familiarité. Irène en parlant, avait son petit cœur bien gros; des larmes qu'elle s'efforçait en vain de retenir roulaient silencieusement le long de ses joues comme des gouttes de rosée sur les pétales d'un camélia. Gabrielle était plus résignée; toutefois, à l'humide éclat de ses beaux yeux noirs, on voyait bien qu'elle avait pleuré. Retirées tristement dans l'embrâsure de leur fenêtre, comme deux mouettes qui se pressent l'une contre l'autre pendant la tempête, elles attendaient l'heure de partir.

M. de Valcreuse s'assit résolument entre les deux cousines, qui ne parurent ni surprises ni effarouchées. Pendant un mois et plus, les visites d'Hector avaient été les seuls évènements de leur vie solitaire. Jamais il ne leur adressait la parole; mais son regard, en s'abaissant sur elles, exprimait un sentiment d'intérêt si profond et si vrai, une bienveillance si loyale et si respectueuse, qu'elles avaient fini par le remarquer et en être touchées. Dans leur abandon et leur isolement, ces deux enfants comprenaient vaguement, sans chercher à s'en rendre compte, qu'il était pour elles un ami. Irène, qui, en raison de son âge et de son caractère, se préoccupait bien plus vivement que Gabrielle de tout ce qui venait du dehors, Irène surtout s'était prise pour lui d'une sorte d'affection instinctive. Elle aimait à le voir, reconnaissait, d'aussi loin que possible, le bruit de ses pas et se mettait à la croisée pour le suivre des yeux, lorsqu'il s'éloignait. Ce manège innocent n'échappait pas à M. de Valcreuse, qui, près de disparaître au bout de l'avenue, manquait rarement de se retourner pour saluer encore une fois ce gracieux et charmant visage.

— Vous êtes triste, mademoiselle ; vous êtes triste et vous pleurez, lui dit-il d'un ton de bonté fraternelle, je m'en afflige : la tristesse et les pleurs ne sont pas de votre âge.

— Ah ! monsieur, répondit Irène en essuyant ses yeux, je n'ai pas sujet de rire et de chanter. Il ne serait pas gai d'entrer aux Ursulines de Machecoul avec l'espoir d'en sortir au bout de huit jours ; pensez donc ce que ce doit être avec la perspective d'y rester. Car nous y resterons, Monsieur ! on nous y laissera, c'est trop sûr.

Machecoul! quel nom hideux! N'est-ce pas, monsieur de Valcreuse, que c'est une ville où il n'y a que des couvents?

— Pauvre enfant! il est triste, en effet, d'ensevelir dans un cloître tant de grâce et de jeunesse.

— A la bonne heure! vous, du moins, Monsieur, vous en convenez! Cela me console, dit Irène éclatant en sanglots.

— Cousine, au nom de Dieu! calme-toi. Tu me brises le cœur, s'écria Gabrielle avec désespoir.

— Vous aussi, Mademoiselle, vous aussi vous versez des larmes, dit Hector en s'adressant à mademoiselle de Presmes d'un ton de pitié plus timide et moins familier. Vous êtes comme votre jeune parente ; vous n'avez pas d'inclination pour la vie claustrale.

— Oh! Monsieur, ce n'est pas de moi qu'il s'agit à cette heure, répliqua mademoiselle de Presmes en secouant la tête avec mélancolie. Moi, je suis faite à la douleur ; la vie ne m'a jamais souri, et le couvent ne m'effraie guère. Que voulez-vous, Monsieur ? je n'ai jamais été heureuse, et quoique trop jeune encore pour connaître beaucoup le monde, je le connais assez cependant pour pouvoir le quitter sans regret. Ce n'est donc pas moi que je plains. Mais voyez cette enfant : elle était née pour le bonheur ; l'espérance marchait devant elle ; la gaîté chantait dans son sein. Pauvre cousine ! sa destinée promettait d'être belle ; c'est sur elle qu'il faut pleurer.

— Ne le croyez pas, Monsieur, s'écria Irène. Gabrielle est pour son propre compte aussi malheureuse que moi. Elle paraît résignée sans effort : il n'en est rien. Elle n'aime pas le monde, mais elle aime les bois, les champs, le grand air et la liberté. Voyez-vous, Monsieur, mettre Gabrielle au couvent, autant vaudrait loger une gazelle dans un cellier, une hirondelle dans une souricière.

— Je crois, en effet, reprit mademoiselle

de Presmes, que Dieu ne m'avait pas créée pour vivre entre les murs d'un monastère. Mais combien d'autres destinées qui n'ont pas eu leur cours ici-bas !

— Je vois bien, Mesdemoiselles, que vous êtes également à plaindre toutes deux. Heureusement, vous vous aimez et l'on ne vous sépare pas.

A ces mots, par un mouvement instinctif, les deux jeunes filles se jetèrent dans les bras l'une de l'autre et se tinrent longtemps embrassées. M. de Valcreuse les regardait en silence, d'un air attendri.

—Ce que je ne m'explique pas, dit-il enfin, c'est que madame de Presmes vous envoie au couvent contre votre gré. Peut-être, mesdemoiselles, ne lui avez-vous pas assez montré toute votre répugnance. Vos larmes l'auraient certainement touchée. S'il m'était permis d'intercéder pour vous auprès d'elle, j'y emploierais volontiers le peu d'éloquence que m'a départie le ciel.

— Monsieur, répondit Irène, vous perdriez du même coup votre éloquence et votre temps. Madame de Presmes n'est pas femme à se laisser toucher si aisément. Vous ne vous expliquez pas qu'elle nous envoie aux Ursulines contre notre gré ; cela est pourtant facile à comprendre. Regardez ma cousine : elle est belle. Je sais bien qu'il y a des gens qui disent que non ;

mais moi je la trouve belle, et je jurerais, Monsieur, que vous êtes de mon avis. On assure que de mon côté, avec deux ou trois printemps de plus, je pourrai bien n'être pas trop mal. Voilà la cause de nos infortunes : il n'y faut pas chercher d'autres raisons.

— Cousine, quelles folies! Excusez-la, Monsieur, c'est une enfant, dit mademoiselle de Presmes dont le pâle visage s'était coloré d'une vive rougeur.

— Bon! bon! reprit Irène en révolte ouverte; que je sais bien ce que je dis! Madame la marquise s'en va répétant partout que nous sommes laides et maussades. La preuve qu'elle n'en pense rien, c'est qu'elle nous met au couvent. Et au couvent de Machecoul encore! à cent mille lieues de Paris. O mon cher Paris! mes bien-aimés boulevarts! mes Tuileries! mon Louvre! suis-je donc destinée à ne plus vous revoir? vous ai-je perdus sans retour?

En cet instant, madame de Presmes entra. En apercevant M. de Valcreuse, qu'elle ne savait pas là, la petite marquise changea vivement le masque de son visage; mais ce changement ne fut pas si rapide, qu'Hector n'eût été frappé de l'air sec et dur qu'elle avait en entrant.

— C'est vous, Monsieur, dit la sirène de sa plus douce voix, avec son plus joli sourire; j'étais loin de me douter de mon bonheur. Mes chères filles, ajouta-t-elle, tout est prêt pour votre départ. Vos effets sont à la voiture; madame la supérieure attend. Il ne me reste qu'à vous presser toutes deux sur mon cœur. Près de vous perdre, je sens que vous allez laisser un grand vide dans mon existence. Je vous regretterai plus d'une fois. Allons, mes chers enfants, disons-nous adieu; venez embrasser votre mère.

Ici, éclata entre les deux cousines une scène de désolation, à laquelle la marquise ne prit aucune part et dont nulle parole humaine ne saurait donner une idée. Comme le condamné qui espère sa grâce au pied de l'échafaud, et qui l'espère encore sur la dernière marche du fatal escalier, Irène s'était flattée du fol espoir que ce moment n'arriverait jamais. Dans sa profonde horreur des couvents en général, et des Ursulines de Machecoul en particulier, elle avait compté sur les empêchements les plus improbables, sur les secours les plus extravagants, au besoin sur une intervention céleste. Chaque matin, à son réveil, elle s'attendait sérieusement à recevoir la nouvelle qu'un tremblement de terre avait détruit tous les cloîtres de la chrétienté, ou tout au moins qu'un incendie venait de consumer Machecoul jusqu'à la dernière pierre.

Quand elle se vit au pied du mur, face à face avec la réalité, lorsqu'elle comprit que tout lui manquait, le ciel et la terre, que l'heure était venue et qu'enfin il fallait partir, sentant son cœur faillir, ses jambes se dérober sous elle, Irène tomba dans les bras de Gabrielle, en criant ni plus ni moins que si le bourreau eût été à la porte et qu'il se fût agi de marcher à la mort. Ébranlée par le désespoir de sa cousine, mademoiselle de Presmes, qu'avait soutenue jusque-là le sentiment de sa dignité, se troubla, perdit contenance, et l'on n'entendit dans le salon que des pleurs, des cris et des sanglots.

— Vous le voyez, Monsieur, dit la marquise, depuis un mois, c'est tous les jours la même chose. De grâce, mesdemoiselles, ménagez mon cœur et mes nerfs. Il commence à se faire tard, et madame la supérieure attend.

— Eh! madame, s'écria brusquement Hector, chez qui le marin venait d'éclater sous l'enveloppe du gentilhomme, leur douleur ne vous touche-t-elle pas? Ces pleurs et ces sanglots ne vous disent-ils rien? Je suis ému, moi qui vous parle; je le suis jusqu'au fond de l'âme. C'est une pitié, c'est un meurtre de disposer ainsi contre leur gré de la destinée de deux enfants qui n'ont que des larmes pour protester et se défendre. Madame, laissez-vous attendrir, ou je croirai que vous êtes cruelle.

— Mon cher Hector, dit en riant madame de Presmes, est-ce vous que je viens d'entendre? Moi qui pensais que l'abbé Gervais, comme un autre Chiron, vous avait nourri de la moëlle des lions et des ours! Réparation, beau chevalier! Malheureusement, en cherchant ici la gloire d'Amadis, vous pourriez bien ne rencontrer que celle du héros de la Manche. Mesdemoiselles, ajouta-t-elle d'un ton bref et cassant, il est inutile de prolonger une scène aussi pénible pour moi que pour vous : finisson ses enfantillages.

— Viens! dit mademoiselle de Presmes avec fermeté en saisissant la main d'Irène. Viens! répéta-t-elle en relevant fièrement la tête.

Et toutes deux allèrent s'incliner froidement devant la marquise, qui les baisa l'une après l'autre au front.

— Je vous répète, mes chers enfants, dit la jolie veuve de sa voix câline, je suis heureuse de vous répéter que je n'ai rien négligé pour assurer au couvent votre bien-être et votre bonheur. Vous serez là comme deux petites reines, choyées, fêtées, caressées comme on ne l'est pas dans le monde. Nos saintes filles de Machecoul sont bien connues pour leur tolérance; la règle du monastère s'adoucirait au besoin pour vous. Madame la supérieure a mes instructions et j'ai sa parole. Un jour, j'en ai la conviction, vous apprécierez ce que j'ai fait, et vous me bénirez, je l'espère.

— Dès à présent, Madame, répliqua gravement mademoiselle de Presmes, dès à présent nous vous remercions de toutes vos bontés et vous prions de croire que notre cœur en gardera fidèlement le souvenir.

— C'est bien, Mesdemoiselles, allez! ajouta la marquise qui avait hâte d'en finir.

Les jeunes filles se dirigèrent vers la porte en se tenant toutes deux par la main. Près de sortir du salon, Irène se retourna du côté d'Hector, qui se tenait debout, immobile, appuyé contre le marbre de la cheminée, dans une attitude pensive et réfléchie.

—Monsieur de Valcreuse, adieu! dit-elle d'une voix plaintive.

A ces mots, Hector tressaillit, comme si on l'eût réveillé en sursaut.

— Un instant, Mesdemoiselles, un instant! s'écria-t-il en marchant vers la porte qu'il ferma avec autorité. Peut-être est-il pour vous un moyen de ne pas aller au couvent.

— Dites, Monsieur, dites bien vite! s'écria Irène éperdue.

—Mademoiselle, reprit M. de Valcreuse en s'adressant à mademoiselle de Presmes avec une brusquerie respectueuse, ma

jeunesse s'est passée à la mer. Je n'aime
pas le monde; je n'en parle pas le langage.
Je suis toutefois de bonne maison, et j'ose
affirmer que si une femme me confiait le
soin de son bonheur, je ne trahirais pas
sa confiance. L'opulence n'est pas mon
lot; cependant mes revenus me permet-
tent de faire autour de moi quelque bien.
Le château de mes pères s'élève derrière
ces bois dont vous apercevez d'ici la cime
dépouillée; c'est un gothique manoir qui
ne manque ni de poésie ni de caractère.
On y vit doucement, simplement, sans
faste et sans parcimonie. Mon intérieur se
compose de ma sœur et de l'abbé Gervais.
Ma sœur est une bonne créature; l'abbé
Gervais, qui m'a élevé, est un cœur aimable, un esprit indulgent. Ma félicité se-

rait complète si j'avais une jeune compagne qui la doublât en la partageant. Cette compagne, je la cherchais avant de vous connaître. Sans songer à me rendre compte de ce qui se passait en moi, je ne l'ai plus cherchée à partir du jour où je vous rencontrai pour la première fois. Maintenant que vous me connaissez, c'est à vous de voir, Mademoiselle, si vous m'estimez assez pour mettre votre main dans la mienne.

— Ah! Monsieur, que je vous embrasse! s'écria Irène en se jetant au cou d'Hector; car vous m'emmenez avec vous, n'est-ce pas? Vous ne me séparerez pas de ma cousine; vous ne voudrez pas que j'aille toute seule au couvent.

— A Dieu ne plaise ! Mademoiselle, répondit en souriant le chevaleresque jeune homme. Je ne vous rendrai pas votre cher Paris : mais je suis sûr que vous vous entendrez à merveille avec mademoiselle Armantine. Vous serez la gaîté de notre foyer, et, si vous le voulez bien, je vous aimerai comme une jeune sœur.

— Si je le veux bien? Oh! je vous en prie. Moi, je vous aime déjà comme un frère. Quant à Paris, eh bien! je me consolerai si je ne vais pas à Machecoul.

Plus pâle que la mort, comme si les paroles qu'elle venait d'entendre l'eussent frappée de stupeur et d'effroi, mademoiselle de Presmes se tenait immobile et ne répondait pas.

— Monsieur, dit-elle enfin d'une voix altérée, je vous connais, mais vous ne me connaissez pas. Êtes-vous sûr, Monsieur, que votre bonheur soit en moi ?

— N'en doutez pas, Monsieur, soyez-en sûr ! s'écria vivement Irène.

— Permettez-moi de l'espérer, répliqua M. de Valcreuse, je ne demande rien de plus.

Et comme Gabrielle hésitait encore, Irène prit sa main et la mit résolument dans celle du gentilhomme. Mademoiselle de Presmes ne la retira pas.

— Monsieur de Valcreuse, dit-elle avec dignité, je ne réponds pas que vous trouviez en moi le bonheur que vous cherchez ; mais je vous promets de garder sans tache l'honneur du nom que vous m'aurez confié.

Pour toute réponse, Hector pressa de ses lèvres la main froide et tremblante qu'il tenait encore dans la sienne.

A ce dénoûment, qu'elle paraissait attendre avec une sombre anxiété, la marquise ne put réprimer un mouvement d'horrible joie. Un éclair de triomphe sillonna son front chargé de tempêtes ; un sourire indéfinissable plissa sa bouche blanche de courroux. Ainsi doit sourire le génie du mal, lorsqu'il assiste à la perte d'une âme.

— Mon cher Hector, dit-elle en s'approchant du groupe que formaient M. de Valcreuse et les deux cousines, recevez mes compliments ; vous aussi, Mademoiselle, ajouta-t-elle avec une intention ironique en s'adressant à sa belle-fille, dont les joues se couvrirent aussitôt d'un vif incarnat ; je ne vois guère ce qui pourrait manquer désormais à votre félicité, si ce n'est mon consentement.

— Oh ! Madame, ne le refusez-pas ! s'écria la pauvre Irène, qui crut voir les portes du cloître se rouvrir devant elle : pourvu que vous soyez débarrassée de nous, qu'est-ce que cela peut vous faire que nous n'allions pas au couvent?

Hector voulut parler à son tour, mais la marquise l'interrompant avec hauteur :

— Rassurez-vous, Monsieur, nous ne jouons pas ici le *Barbier de Séville*; vous n'avez point affaire à Bartholo. Mademoiselle de Presmes est libre. Tout mon regret est de ne pouvoir contempler plus longtemps le spectacle de votre joie, car je pars ce soir pour Paris.

— Madame, ajouta naïvement Hector,

sans se douter de la portée de ses paroles :
je n'oublierai jamais que c'est près de vous
et sous votre toit que j'ai trouvé le bonheur
de ma vie.

— La vie est longue, Monsieur, et le
bonheur est chose incertaine, repartit sè-
chement madame de Presmes; ne vous
hâtez pas de me remercier.

Les choses une fois réglées, il était tout
simple que M. de Valcreuse emmenât avec
lui les deux jeunes personnes dont il devenait le soutien naturel, le légitime appui.
Les adieux ne furent ni longs ni tendres.
Il offrit un bras à Gabrielle, l'autre à Irène,
et tous trois sortirent ainsi du salon.

Madame de Presmes se mit à la fenêtre, et, comme une vipère dressée sur le bout de sa queue, s'y tint aussi longtemps qu'elle put les apercevoir.

Hector s'entretenait avec les deux cousines, l'une grave et sérieuse, l'autre vive et légère; les chiens en belle humeur gambadaient autour d'eux; cette scène était éclairée par les rayons du soleil couchant.

Quand ils eurent disparu tous trois au bout de l'avenue, madame de Presmes ferma violemment la croisée et se prit à marcher avec agitation de long en large dans la chambre.

Sur ces entrefaites, un de ses gens entra.

— Madame, dit-il d'un air bête, c'est madame la supérieure du couvent des Ursulines de Machecoul, qui fait demander si ces demoiselles sont prêtes.

— Qu'elle aille au diable! s'écria la marquise.

Puis, frappant le parquet de son joli pied :

— Ne fût-ce que pour l'exemple, dit-elle, je me vengerai.

IV

Près de trois ans avaient passé sur le mariage de M. de Valcreuse avec mademoiselle de Presmes ; on touchait au printemps de 1791. La révolution grandissait et prenait chaque jour des proportions plus formidables. Le point noir que les clairvoyants seuls apercevaient à l'horizon, quand ce récit a commencé, s'était changé en un nuage livide qui avait envahi la moitié du ciel, et d'où s'échappaient de sinistres éclairs. Cependant, au fond de ces campagnes, où le lecteur nous a suivi peut-être, dans cette contrée qui devait, deux années plus tard, se soulever comme la mer, frapper de stupeur la république au sein de ses triomphes, et répondre par des coups de foudre aux tonnerres de la Convention, tout était calme encore; le vent courait en paix sur la lande et dans les bruyères.

Les idées nouvelles avaient naturellement peu d'accès dans un pays qui, loin de souffrir de l'ordre de choses qu'il s'agissait alors de renverser, n'en connaissait que les bienfaits, et s'en était fait une longue et douce habitude. Le cri de : guerre aux châteaux, par exemple, quels échos, quelles sympathies pouvait-il éveiller sur une terre où les châteaux étaient la providence des chaumières? Dans cette partie de la France, les derniers vestiges de la féodalité ne ressemblaient à rien de ce qui se voyait ailleurs. Ce n'était pas là qu'il fallait chercher les exactions de l'aristocratie. La noblesse qui, sur les autres points du royaume, avait assumé sur elle tant de haines, était là chérie et vénérée de tous. Le seigneur était le père de ses paysans; il les visitait, s'inquiétait de leurs besoins, chassait avec eux le loup et le renard, allait à leurs noces, servait de parrain à leurs enfants, et s'asseyait familièrement à leur table. Un seul fait, rapporté dans les Mémoires de madame de la Rochejaquelin, peut donner une idée de la familiarité des rapports qui existaient entre les grands propriétaires et leurs vasseaux. M. de Marigny, celui-là même qui devait être un des chefs les plus brillants, les plus terribles de l'armée insurgée, et périr lâchement fusillé par les ordres du misérable Stoflet, M. de Marigny avait quelque connaissance de l'art vétérinaire : tous les paysans de son canton ne manquaient pas de l'aller chercher dès qu'ils avaient quelques bestiaux malades. Paysans et seigneurs ne formaient, à proprement parler, qu'une seule et même famille.

De mœurs simples et pures, nés presque tous dans la province où ils exerçaient leur pieux ministère, les prêtres donnaient l'exemple de la charité, si bien que l'on confondait dans un même sentiment d'amour et de respect la cure du pasteur et le manoir du gentilhomme. Le dimanche, après vêpres, les métayers se réunissaient pour danser dans la cour du château; la dame châtelaine se mêlait à la fête et dansait avec eux. Jamais les pauvres gens ne l'imploraient en vain : elle était l'ange qui console et guérit. Les serviteurs vieillissaient tranquillement et mouraient sous le toit du maître. Tout ce monde s'aimait, travaillait et vivait content. Qu'importaient, je le demande, aux paisibles habitants du Bocage, les mots d'affranchissement, de réforme et de liberté? Aussi, quand la république, avec ses formes arrêtées et violentes, voulut les ployer sous sa règle de fer, se levèrent-ils comme un seul homme, et dès-lors éclata cette guerre de géants qui étonna l'Europe et fit pâlir d'effroi la révolution dans son berceau sanglant.

Ils ne se levèrent pas, comme on l'a dit, comme on l'a cru, pour la restauration du trône. Sans doute on désigna ce but à leur ardeur; mais ils eussent pris aussi bien les armes contre la monarchie, si la monarchie se fût avisée de porter atteinte aux franchises de leur vie patriarcale. Ils s'armèrent pour l'indépendance de leurs foyers et de leurs autels, et, en pleine république, l'insurrection vendéenne fut, dans son principe, le seul grand spectacle vraiment républicain que la France pût contempler. Ainsi, cette terre qu'on appelle encore aujourd'hui le sol du dévoûment et de la fidélité, n'était en réalité que la patrie d'un peuple heureux et sage, qui se révolta comme la Suisse, et devint comme elle un peuple de héros, dès qu'il se sentit sérieusement frappé dans ses mœurs, dans ses habitudes, dans sa constitution, dans toutes les parties les plus sensibles de son être. C'est là ce qu'auraient dû comprendre quelques femmes et quelques enfants, têtes à l'évent, âmes chevaleresques, qui de nos jours ont soufflé sur ce glorieux foyer pour essayer d'en ranimer la flamme. Ils n'ont pas compris que les conditions n'étaient pas les mêmes; chose triste à dire, qu'il faut dire pourtant, ils ont appris à leurs dépens que l'héroïsme pur et désintéressé n'est le plus souvent qu'un beau rêve, et qu'il est imprudent de compter sur le dévoûment des hommes quand leur propre intérêt ne les y porte pas.

Au commencent de 1791, nul orage n'avait troublé la paix de ces belles campagnes. La noblesse n'était pas inquiétée au fond de ses châteaux. Si les villes se remplissaient déjà de passions et de bruit, il n'en était pas de même des bourgs et des hameaux. Les paysans, qui ne s'étaient pas beaucoup plus occupés des premières agitations de Versailles et de Paris, que s'il se fût agi d'une révolution au Congo, continuaient de vivre paisiblement sous leurs toits de chaume. Ils avaient reçu, sans y rien comprendre, l'ordre d'enlever les bancs seigneuriaux des églises et s'étaient empressés de laisser les bancs à leur place. La plupart des paroisses avaient gardé leurs prêtres. Voté par l'assemblée constituante, sanctionné par Louis XVI, le décret qui prononçait la révocation et le remplacement des ecclésiastiques, pour refus de serment civique, n'était pas encore en pleine exécution dans cette partie des provinces de l'ouest. Le remplacement s'effectuait partout avec lenteur; sur plusieurs points il ne s'effectuait pas.

En réalité, les troubles ne commencèrent qu'avec les rigueurs contre le clergé, la guerre civile ne fit explosion qu'au 10 mars 1793, jour fixé pour la levée de trois cent mille hommes décrétée par la Convention. Ce fut à Machecoul et dans les environs qu'elle éclata; c'est là qu'elle devait éclater en premier lieu, les marches de Poitou et de Bretagne, où ce pays est assis, étant exemptes d'impôts et de milices, aux termes d'un édit de Jean, duc de Bretagne. Tout était calme à l'heure dont nous parlons ; le mécontentement s'amassait goutte à goutte et silencieusement dans les cœurs.

Quant à l'émigration, bien qu'elle prît de jour en jour un caractère plus décidé et plus alarmant, ce n'était encore qu'une façon de protester sans périls, une affaire de dévoûment mal entendu et dont la cour elle-même se défiait, une promenade hors de saison sur les bords du Rhin. En mettant les choses au pire, on était bien loin de prévoir le dénoûment que recélaient les flancs de l'avenir.

L'émigration, d'ailleurs, n'était pas générale; si le haut Poitou émigrait par bandes, la plupart des grandes familles du Bocage n'avaient pas quitté le pays; les absents, au contraire, rentraient en foule dans leurs terres, comme les oiseaux dans leurs nids, à l'approche de l'ouragan. Quoiqu'il y eût dans les esprits un sombre pressentiment, un sourd malaise, le train des existences n'était pas sensiblement changé; l'appréhension du danger commun n'avait fait que resserrer les relations d'amitié et de voisinage. On se réunissait plus fréquemment que par le passé; il était même assez rare qu'on négligeât les occasions de fête et de plaisir, soit qu'on éprouvât le besoin de se concerter, soit tout simplement qu'on se hâtât de vivre et de jouir des derniers beaux jours.

Or, voici ce qui se passait au château de Valcreuse, par une matinée d'avril :

Attelé de deux petits chevaux bas-bretons qui n'avaient pas trop mauvais air sous leurs harnais bien propres et bien luisants, un berlingot, qui, depuis le mariage d'Hector, avait remplacé la voiture à bœufs de mademoiselle Armantine, stationnait au milieu de la cour et témoignait assez que les maîtres du lieu se préparaient à quelque excursion dans les environs.

Attroupés à la porte, pieds nus et cheveux en broussailles, les enfants du village admiraient le luxe et l'élégance du somptueux équipage qui ferait rougir aujourd'hui le plus mince bourgeois. Le cocher, ancien valet de ferme, se tenait sur son siége, aussi radieux et fier qu'un vainqueur aux jeux olympiques.

A l'intérieur, le vieux manoir, ordinairement si paisible, bourdonnait comme une ruche d'abeilles. Tous les serviteurs étaient sur pied; on ne rencontrait le long des corridors que femmes de chambre se croisant d'un air affairé. Si l'on veut savoir la cause de tant de mouvement et de bruit, nous pouvons la dire en trois mots : mademoiselle Armantine était à sa toilette.

Il n'en fallait pas davantage pour mettre sens dessus dessous tout le domaine de ses pères.

Dans le salon nous retrouvons trois personnes de notre connaissance.

Accoudée sur l'appui d'une croisée ouverte, une jeune femme en costume de matin, laissait son regard distrait courir à travers le paysage. Rien qu'à cette attitude rêveuse, on a déjà reconnu Gabrielle. Les trois années qui venaient de s'écouler ne l'avaient pas changée; seulement le front et les paupières paraissaient chargés de plus de tristesse et d'ennui. Elle était belle, de cette beauté pâle et mystérieuse près de laquelle passent, sans s'arrêter, le caprice et la fantaisie.

Les deux mains appuyées sur ses genoux, assis sous le manteau de la cheminée, où pétillait un feu de fagots, les matinées étant encore fraîches, l'abbé Gervais l'observait avec une ineffable expression de tendresse alarmée et d'inquiète mélancolie, tandis qu'à l'autre extrémité du salon, debout devant une glace de Venise, une jeune et jolie personne donnait à sa parure un coup d'œil complaisant.

C'était Irène, singulièrement embellie. Qu'on choisisse dans les portraits du dix-huitième siècle le plus fin regard et le plus frais sourire, les plus blanches épaules, le sein le plus charmant, la taille la plus souple et la plus flexible; qu'on rassemble par la pensée tous ces trésors sur une même toile, l'image sera loin du modèle que nous avons sous les yeux. C'est pour Irène qu'il eût été permis de rajeunir la comparaison un peu fanée déjà des roses et des lys. On eût dit qu'en passant sur cette blonde tête, chaque printemps y avait laissé tour à tour quelque chose de sa grâce, de son parfum, de ses enchantements. Elle était mise avec recherche et pourtant avec goût. Une robe de taffetas gris à passements de soie enveloppait les contours de son corps élégant. Des perles ruisselaient sur l'or de ses cheveux; des bracelets de toutes formes se tordaient autour de l'ivoire de son bras; mais, ce qu'elle avait surtout d'éblouissant, c'était ce beau diamant qui manque à plus d'un écrin et qui s'appelle la jeunesse.

Après avoir achevé de s'examiner avec un sentiment de satisfaction trop légitime pour n'être pas bien excusable, Irène s'approcha de l'âtre, et, présentant à la flamme un de ses petits pieds chaussés de satin :

— Monsieur l'abbé, dit-elle, comment me trouvez-vous ?

L'abbé leva les yeux, et ne répondit que par un sourire indulgent.

— Et toi ? demanda la jeune fille qui

était allée s'appuyer coquettement sur l'épaule de sa cousine.

— Belle comme ce beau jour d'avril, répliqua Gabrielle en l'embrassant avec effusion. Regarde ce doux ciel : l'azur en est moins bleu que le bleu de tes yeux. Vois ces pêchers en fleurs : les fleurs en sont moins roses que l'éclat de tes joues.

— Tout à l'heure, ce miroir était presque de ton avis, dit en riant la folle Irène ; cependant, j'ai peine à comprendre que je puisse en même temps être belle et te ressembler si peu. Qu'en pensez-vous, Monsieur l'abbé? Vous ne dites rien, là-bas, dans votre coin. C'est qu'en vérité je ne suis pas belle du tout. Mes yeux bleus m'ennuient, mes joues roses m'irritent et, parfois, m'exaspèrent; j'envie tes yeux de velours brun, et voudrais être pâle comme toi. Pas vrai, Monsieur l'abbé, que les yeux de Gabrielle sont plus beaux que les miens ? Vous êtes muet. Décidément, cousine, tu ne viens pas à cette fête ?

— Non, cousine, non, décidément.

— Toute la noblesse du pays doit s'y rendre. Songe qu'il s'agit d'une noce, et que, pour sûr, il y aura des violons.

— Eh bien! cousine, on dansera sans moi. Personne, en te voyant, ne remarquera mon absence.

— Dussé-je être seule à m'en apercevoir, ce serait, si tu m'aimais, un motif suffisant pour te décider à venir. Ne sais-tu pas que, sans toi, il n'est fête ni bal où je n'arrive moins disposée d'abord à rire qu'à pleurer? il est vrai qu'aux premiers coups d'archet, tristesse, adieu! mon cœur entre en danse; cependant, je te cherche, et tu manques à ma joie. Pourquoi vivre, ainsi que tu le fais, dans une retraite absolue, et repousser obstinément les trop rares distractions qui nous sont offertes? Penses-tu qu'Hector t'approuvât; moi, je pense tout le contraire. Mademoiselle Armantine prétend que c'est de ta part pure affectation. Je n'en crois rien; d'autres pourraient le croire. Allons, cousine, un gai mouvement! ce sont les bons, ceux-là. Avant que mademoiselle Armantine soit prête, tu as le temps de t'habiller sept fois. Je te coifferai; en un tour de main, tu seras charmante. Dites donc quelque chose, Monsieur l'abbé. Avez-vous juré, comme saint Laurent, de vous rôtir les jambes sans qu'on puisse vous arracher un mot? Engagez Gabrielle à nous accompagner, ou je serai convaincue que c'est vous qui la tenez ici captive.

— Moi, mademoiselle! répondit en souriant l'abbé Gervais; je ferais un triste geôlier. Notre chère Gabrielle est libre, et n'a sous ce toit, d'autre gardien que son propre cœur. Je ne sache pas qu'il me soit jamais arrivé de contrarier ses goûts et ses instincts; seulement, je dois ajouter que je parlerais contre ma conscience en engageant madame de Valcreuse à vous accompagner.

—J'en étais sûre! s'écria vivement Irène; c'est vous qui l'empêchez de venir à la fête.

— Non, répliqua l'abbé avec bonté; mais je lui sais bon gré de ne pas y aller.

— C'est absolument la même chose.

— Pas précisément.

— Mon Dieu! si. A vous entendre, on serait damné pour un air de violon, et hors de l'ennui il n'y aurait pas de salut possible.

— Je ne dis pas cela.

— Vous le pensez. Voilà longtemps que je vous soupçonne d'aspirer à la tyrannie.

— C'est M. de Mirabeau. Je le croyais mort, dit l'abbé en hochant doucement la tête.

— Allons, Irène, allons! dit Gabrielle à son tour, d'un ton de réprimande maternelle : comment ne vois-tu pas que notre cher abbé a raison? Prends la peine de réfléchir : le simple bon sens te dira qu'en l'absence de M. de Valcreuse, ma place n'est pas dans le monde.

— Mais, cousine, reprit Irène en jetant

à l'abbé un regard de biche en courroux, puisqu'Hector n'a pas voulu nous laisser mettre aux Ursulines, c'est qu'apparemment il n'entendait pas que son château nous servît de couvent?

— Non, sans doute, dit en riant Gabrielle; aussi n'as-tu pas à te plaindre de la règle du monastère. Mademoiselle Armantine est une abbesse qui n'a rien de bien terrible, notre cher abbé un directeur qui n'a rien de bien effrayant. Va, mon enfant, amuse-toi. Ce soir, tu viendras me trouver dans ma chambre; je jouirai de tes succès et de tes plaisirs, en te les entendant raconter.

Obligée de se rendre aux raisons de sa

cousine, Irène se préparait évidemment à se venger sur l'abbé Gervais, et à le relancer sous le manteau de la cheminée, où il se tenait blotti, quand tout-à-coup la porte, s'ouvrant avec fracas et à deux battants, livra passage à une trombe de gaze et de soie, de mouches et de poudre, de guipure et de dentelles, qui se précipita dans le salon, et, tournoyant sur elle-même, s'offrit sur tous les points à l'admiration de la trop peu nombreuse assistance. Au bruit qu'elle avait fait en entrant, l'abbé lui-même, épouvanté, était sorti à moitié de son antre. C'était mademoiselle Armantine en plein été de la Saint-Martin : trois années de plus l'avaient rajeunie de dix ans. Nous l'avons quittée jeune fille, nous la retrouvons enfant. Elle était vraiment magnifique! Pour la peindre, il nous manque l'espace et le loisir. La coiffure seule demanderait tout un poème. Certainement, de nos jours, l'obélisque a coûté moins de peine à dresser sur son piédestal, que ne dut en coûter l'édifice de cette étonnante coiffure. Les coiffeurs étaient alors de grands architectes; à bien examiner la plupart des constructions modernes, on serait tenté de croire que c'est le contraire qui se voit aujourd'hui. Le costume de l'aimable demoiselle était à l'avenant; à quelques modifications près, devenues nécessaires dans l'ajustement du corsage, c'était celui qu'elle avait le jour de sa présentation à la cour.

— Oh! mademoiselle Armantine, que

vous êtes belle! mon Dieu! que vous êtes donc belle, mademoiselle Armantine! s'écria naïvement Irène en joignant les deux mains avec enthousiasme.

— Vous trouvez, petite? Mais vous-même, il me semble, vous n'êtes pas trop mal, dit mademoiselle Armantine en examinant avec un soin scrupuleux la toilette de la jeune fille. Ciel! que vois-je? ajouta-t-elle avec stupeur; pas une mouche! pas un œil de poudre! On n'a pas tenu compte de mes observations!

— Mademoiselle, répondit hardiment la perfide Irène, c'est M. l'abbé qui prétend que la poudre et les mouches ne sont pas de mon âge.

— Moi! s'écria l'abbé en bondissant sur son siége.

— Vous en êtes capable! répliqua mademoiselle Armantine en lui lançant un regard foudroyant. Vous êtes un philosophe; voilà longtemps que je vous soupçonne de donner dans la révolution.

— Tout-à-l'heure, on me soupçonnait d'aspirer à la tyrannie, dit l'abbé d'un air résigné.

— On verra, reprit mademoiselle Armantine, on verra, sans mouches ni poudre, où vous mènerez la France! Venez, petite. Il est trop tard à présent pour réparer l'incongruité de votre parure. Nous n'avons que le temps d'arriver; je réclamerai pour vous l'indulgence.

A ces mots, elle sortit majestueusement, suivie d'Irène, qui ne tenait plus au parquet.

— Sans rancune, Monsieur l'abbé, dit en passant près de la cheminée la rieuse et jolie créature.

— Allez, folle tête, allez! dit le vieillard; moins prévoyante que le brin d'herbe qui pressent l'orage, ajouta-t-il avec mélancolie, plus étourdie que la fauvette qui s'abrite et se tait avant que la foudre ait grondé sur son nid!

Irène était déjà bien loin.

— Qu'elle est jeune, qu'elle est heureuse, et que la vie lui est légère! dit en soupirant Gabrielle, qui l'avait suivie des yeux.

— Jeune comme elle, mon enfant, êtes-vous moins heureuse qu'elle? demanda d'un ton de doux reproche l'abbé, qui n'avait pas cessé de l'observer avec une ardente sollicitude. La vie est-elle pour vous un fardeau si lourd à porter?

— Ne croyez pas cela, mon ami, répondit en rougissant la jeune femme. Je suis heureuse; comment ne le serais-je pas? Il faudrait que je fusse ingrate.

— Le bonheur ne se commande pas, dit l'abbé. Peut-être désiriez-vous aller à cette fête? Peut-être eussé-je dû vous engager à vous y rendre? Vous êtes triste, mon enfant. Tout-à-l'heure je vous observais : j'ai surpris une larme sous votre paupière.

— Je ne suis pas triste, mon ami. Pourquoi serais-je triste? En vérité, je ne le suis pas. Le monde ne m'a jamais attirée, et de tout temps mes plus belles fêtes se sont données dans la solitude.

— Je ne sais, mais parfois je m'alarme, et je crains que vous ne soyez mécontente de votre destinée. Il faut bien reconnaître que la vie que vous menez ici est peu faite pour vous distraire.

— Vous vous calomniez, mon ami, vous et les êtres excellents qui m'entourent. Je n'ai jamais connu, je n'ai jamais souhaité une existence plus heureuse. Sans doute, mademoiselle Armantine s'entend mieux et plus volontiers avec Irène qu'avec moi ; mais n'ai-je pas trouvé en vous l'âme la plus tendre et la plus adorable où la mienne pût se réfugier ?

— Pour un jeune cœur comme le vôtre, c'est là, mon enfant, un assez pauvre refuge, repartit l'abbé en secouant tristement la tête. Cependant, si vous dites vrai, d'où vient donc le silence où vous vous renfermez? Ma fille, parlez-moi, ayez confiance en moi; car vous êtes ma fille, ma fille bien-aimée, du jour où je vous vis pour la première fois.

— Mais, mon ami, dit la jeune fille en s'efforçant de sourire, voilà bien longtemps que je n'ai plus rien à vous confier, à vous apprendre; aussi bien que moi vous savez ma vie tout entière. Si j'avais des secrets...

— Vous en avez, Gabrielle, répliqua l'abbé avec sévérité. Enfant, ajouta-t-il d'une voix caressante en prenant les mains de madame de Valcreuse, ce n'est pas mon cœur que l'on peut abuser. Il y a dans votre vie un secret que j'ignore et qui vous oppresse; vous êtes consumée par un mal que vous me cachez.

— Mon ami, soyez sûr...

— N'essayez pas de me tromper. Depuis longtemps je vous observe; ce n'est pas d'aujourd'hui que je vous vois pleurer.

— Vous savez que je ne suis pas naturellement gaie. Bien souvent il m'est arrivé de pleurer sans savoir pourquoi; je tiens cela de ma mère ou de Dieu.

— Oui, je vous connais, dit l'abbé, vous êtes une de ces âmes d'élite que le ciel attire et que le monde ne satisfait pas. Cette tristesse innée, cette mélancolie naturelle sont des signes certains de notre céleste origine; Dieu les a mises dans notre sein pour nous avertir, pour nous rappeler sans cesse que la terre n'est pas notre patrie. Mais, ma fille, depuis plusieurs mois, ce n'est plus cette tristesse divine, cette sainte mélancolie que je remarque en vous. Votre pensée est sur la terre, votre inquiétude est de ce monde.

— Mon ami, répondit Gabrielle avec embarras, vous vous méprenez sur ce qui se passe en moi; votre tendresse vous entraîne trop loin.

— Non, ma fille, je ne me méprends pas. Vous étiez calme, vous paraissiez heureuse; tout-à-coup un orage invisible est venu troubler la sérénité de vos jours. Que s'est-il passé? qu'avez-vous? Sans doute vous souffrez de l'absence d'Hector : dans le secret de votre conscience, vous vous plaignez de lui, peut-être?

— Non, mon ami, non, je vous le jure. Si je souffre de l'absence de M. de Valcreuse, je ne me plains pas de lui. Moi, me plaindre de M. de Valcreuse! vous n'y pensez pas, mon ami. Mais, venez, ajouta la jeune femme, comme pour briser là le fil de l'entretien, ou pour échapper au regard inquisiteur que l'abbé attachait impitoyablement sur elle; venez, la journée est belle, et voilà nos fêtes, à nous, dit-elle en montrant les champs et les guérets qui verdoyaient sous les fenêtres du château.

A ces mots, Gabrielle prit le bras de son

vieil ami, et, tandis que le berlingot con-
duisait à la noce mademoiselle Armantine et sa jeune compagne, madame de
Valcreuse et l'abbé cheminaient lentement le long des aubépines et des genêts
fleuris.

V

Laissons mademoiselle Armantine se rendre à la fête avec Irène, madame de Valcreuse s'entretenir avec l'abbé le long des haies en fleurs, et voyons, à vol d'oiseau, sans descendre au fond des choses, ce qui s'est passé au château, depuis le soir d'automne, qu'on n'a pas oublié sans doute, où M. de Valcreuse rentra chez lui accompagné des deux cousines. Précisément, ce même soir, à la même heure, en attendant le retour d'Hector, mademoiselle Armantine, qui croyait toucher à la réalisation de ses rêves et au but de ses espérances, prenait un malin plaisir à déchirer devant l'abbé le voile dont elle s'imaginait les avoir enveloppés jusqu'alors. Ils étaient assis tous deux au coin du feu, l'abbé à sa place ordinaire, silencieux comme d'habitude, mademoiselle Armantine dans une vaste bergère, et faisant tous les frais de l'entretien, avec d'autant plus de complaisance qu'elle ne doutait pas que chacune de ses paroles ne fût un coup d'épingle dans les chairs de son muet compagnon.

Elle parlait de la passion d'Hector pour madame de Presmes comme d'une chose au soleil, de son mariage avec la jolie veuve comme d'un fait accompli auquel il ne manquait plus que le sacrement. L'abbé la laissait dire et promenait en silence ses deux mains sur ses bas de soie. Plus clairvoyant que M. de Valcreuse, il n'avait pas été longtemps à pénétrer les desseins des deux belles complices; la trame mystérieuse commençait à peine à s'ourdir qu'il en tenait déjà tous les fils. Toutefois, bien qu'il ignorât ce qui se passait dans le cœur d'Hector, l'abbé ne s'était pas inquiété autrement des manœuvres de la marquise, tant il avait confiance en la droiture et la rectitude des sentiments de son élève. Encore à cette heure, il était plein de sécurité, quoi que pût affirmer mademoiselle Armantine, qui faisait défiler devant lui, avec une joie perfide, tout le cortège de ses illusions.

— Quel beau jour pour vous, cher abbé, disait-elle, que le jour où vous bénirez ces amants dans la chapelle du château !

Elle en était là de son discours, lorsqu'au milieu du salon, éclairé seulement par la flamme de l'âtre, parut M. de Valcreuse avec Irène à l'un de ses bras et mademoiselle de Presmes à l'autre. Il prit Gabrielle par la main et la conduisit à mademoiselle Armantine, qui refusait d'en croire ses yeux et s'était levée d'un air effaré.

— Ma sœur, lui dit-il gravement, je vous présente madame de Valcreuse.

Puis, s'adressant à sa fiancée :

— Mademoiselle, embrassez votre sœur. Nous sommes ici chez vous, ajouta-t-il avec respect.

Enfin, il se tourna vers l'abbé, et d'une voix où perçait un sentiment de satisfaction orgueilleuse :

— Mon ami, dit-il, c'est ma femme, c'est mademoiselle de Presmes qui daigne accepter mon cœur et mon nom. Voici sa jeune cousine, reprit-il gaîment en montrant Irène, qui veut bien consentir, pour vivre avec nous, à ne pas aller au couvent.

Et M. de Valcreuse raconta simplement, en peu de mots, ce qui venait de se passer au castel de la marquise.

Nous nous reposons sur l'intelligence du lecteur, qui s'en acquittera mieux que nous, du soin d'achever cette scène que nous n'avons fait qu'indiquer. On peut aisément s'imaginer la stupéfaction de mademoiselle Armantine; il serait moins facile de la peindre et de l'exprimer. Mademoiselle Armantine aimait son frère, et respectait en lui l'héritier de sa race, le chef de sa maison. Aussi, tout en regrettant ses illusions perdues, tout en déplorant dans son cœur le choix que son frère

avait fait, dut-elle garder le secret de ses
réflexions, et se montrer vis-à-vis de Gabrielle, sinon très tendre ou fort empressée, du moins parfaitement convenable.
D'ailleurs, en apercevant derrière cette
jeune personne, dont la beauté grave et
sévère l'étonnait et l'effarouchait, la blonde
tête d'Irène qui la regardait en souriant,
elle avait compris aussitôt que c'était un
dédommagement des trahisons du sort,
une fiche de consolation que lui envoyait
le ciel. Elle s'était, sans plus tarder, emparée de la belle enfant, tandis qu'attirés
déjà l'un vers l'autre, mademoiselle de
Presmes et l'abbé conversaient affectueusement. Ainsi les sympathies se déclarèrent dès ce même soir, les partis se
dessinèrent, les fraternités s'établirent, et

le château, à compter de ce jour, fut divisé en deux groupes distincts.

M. de Valcreuse apprit plus tard quelles espérances avait fondées sur lui sa sœur, de concert avec la marquise ; il confessa ingénûment n'en avoir eu aucun soupçon. Ces révélations expliquaient suffisamment le départ précipité de madame de Presmes et son attitude vis-à-vis d'Hector, pendant leur dernière entrevue ; Hector ne put s'empêcher de rire. Mademoiselle Armantine ne riait pas ; mais elle eût pleuré que les choses n'en eussent pas moins suivi leur cours. Quant à l'abbé, tout en s'applaudissant du dénoûment de l'aventure, il ne put se défendre d'un vague sentiment d'effroi. Il avait observé la marquise ; sous le plumage de l'oiseau, il avait deviné la vipère.

Le mariage se fit six semaines après, sans éclat et sans bruit. La saison était dure : d'accord avec sa jeune épouse, M. de Valcreuse remit à ses paysans six mois de redevances, et, si l'on ne dansa pas à leurs noces, nul indigent, dans leurs domaines, n'eut à souffrir du froid et de la faim.

Sans réaliser les folles espérances de mademoiselle Armantine, le mariage de M. de Valcreuse avait donné au château une vie nouvelle. Gabrielle représentait la poésie de l'antique manoir ; Irène, ainsi qu'Hector l'avait prévu, était la gaîté du foyer. Ces deux figures répandaient autour d'elles le parfum de leur grâce et de leur jeunesse. L'hiver s'écoula doucement, du moins en apparence; si le fond du lac fut troublé, limpide et clair comme une glace, la surface n'en laissa rien voir. On arriva sans incidents jusqu'à l'automne. M. de Valcreuse se disposait à se retirer officiellement du service ; il était sur le point d'envoyer sa démission au roi, lorsqu'il reçut sa nomination au grade de capitaine de frégate, le commandement de l'*Invincible*, cette même frégate anglaise qu'il avait prise dans la dernière guerre, alors qu'il n'était que simple officier de marine, et l'ordre de partir sans délai pour aller rejoindre la division que commandait dans l'Inde M. de Saint-Félix. La lettre du ministre était pressante et se terminait par ces paroles qu'aurait dites le roi en signant le brevet : « Qu'il y avait un vide dans les cadres de sa marine quand un Valcreuse ne tenait pas la mer. »

Hector se croyait oublié. Depuis sa dernière campagne, il était resté à l'écart, boudant la cour et le ministère dont il n'avait pas à se louer. Modeste autant que brave, ayant assez l'expérience des hommes pour savoir que, sous le gouvernement le plus équitable, on n'obtient que ce qu'on demande, et qu'on ne l'obtient le plus souvent qu'à force d'importunités, il s'étonna d'une faveur qu'il n'avait pas sollicitée et qui venait le chercher au fond de ses domaines, à plus de cent lieues de Paris. Avec l'abbé qui s'en alarmait, il convint volontiers, en toute humilité, que le cas était étrange. **Et pourtant son parti fut pris sur-le-champ.** La tentation était-elle trop vive pour qu'il y résistât? Ses ardeurs assoupies venaient-elles de se réveiller? Ses instincts comprimés avaient-ils repris le dessus? Était-ce pour lui comme les armes offertes au jeune Achille chez les filles de Nicomède? Enfin, avait-il sur les devoirs d'un gentilhomme des idées arrêtées qui ne lui permettaient pas d'hésiter à se rendre où le roi lui disait d'aller? Hésita-t-il d'autant moins qu'à cette heure l'autorité royale était mise en question et se voyait en butte à de rudes assauts? Toujours est-il qu'il n'hésita pas. Ni les remontrances de l'abbé, ni les prières de sa sœur, ni les larmes d'Irène qui le chérissait comme un frère, ne purent le retenir. Madame de Valcreuse aurait pu seule l'empêcher de partir; elle fut la seule qui ne chercha pas à l'en détourner.

Troublée par le départ de M. de Valcreuse, la vie du château reprit peu à peu son train accoutumé. Les sympathies qui avaient éclaté à première vue entre Gabrielle et l'abbé Gervais, s'étaient condensées, pour ainsi parler, en une tendre et sérieuse affection. En l'absence d'Hector, ces deux âmes, faites pour s'entendre, achevèrent de se rapprocher. Gabrielle devint la fille chérie du vieillard. Tous deux avaient les mêmes goûts, le même amour des champs et de la solitude, le même tour d'esprit poétique et rêveur. Ils lisaient, étudiaient, se promenaient ensemble, ne se lassaient pas d'échanger leurs idées et leurs sentiments. L'abbé se plaisait à diriger l'essor de cette vive intelligence, à répandre sur cette jeune tête, déjà grave et pensive, les trésors qu'il avait amassés durant tout une existence d'abnégation et d'isolement. C'était une joie pour eux de s'échapper ensemble du logis et d'errer en causant à travers les campagnes. Comme tous les êtres qui ont vécu dans la chasteté, l'abbé avait gardé cette grâce de cœur, cette fraîcheur d'imagination, ce facile enthousiasme qu'on ne rencontre guère qu'au matin de la vie. La contemplation des beautés de la nature, les entretiens sans cesse renaissants, le long des sentiers du Bocage, telles étaient,

Gabrielle nous l'a dit elle-même, leurs fêtes et leurs distractions.

Cependant, mademoiselle Armantine, qui ne pardonnait pas à l'abbé Gervais et à sa belle-sœur le plaisir qu'ils montraient à se trouver ensemble, se consolait auprès d'Irène des cruels mécomptes qu'elle avait essuyés. Irène achevait de grandir; mademoiselle Armantine l'aimait comme un second printemps dans sa vie, comme un miroir enchanté dans lequel elle voyait passer à toute heure l'image souriante de ses belles années. Ainsi que Gabrielle et l'abbé, toutes deux avaient les mêmes goûts, le même amour des distractions mondaines, le même tour d'esprit frivole et dissipé; seulement, ce qui n'était plus de saison chez l'une avait chez l'autre la grâce et l'à-propos des folles brises par un beau jour de mai. Irène riait bien un peu sous cape des travers de sa *jeune* compagne ; mais comme elle en profitait, la fine créature les choyait et les caressait. La meilleure partie de leurs journées se passait en soins de toilettes. Toutes deux avaient l'une dans l'autre un public assidu, toujours bienveillant. La sœur d'Hector se sentait renaître. L'histoire de sa présentation à la cour, celle du chevalier de R*** et du marquis de C***, toutes ces vieilles histoires que la bonne demoiselle ne savait plus à qui raconter, tout ce répertoire usé jusqu'à la corde et qui, depuis longtemps, n'attirait plus personne, Irène en faisait ses délices. Ce n'est pas tout : la jolie fille, en grandissant, était devenue entre les mains de mademoiselle Armantine un merveilleux prétexte pour courir les réunions, rechercher le monde, appeler au château les gentilshommes de la ville et les hobereaux des environs. Irène avait près de dix-huit ans; puisque sa jeunesse et sa beauté représentaient le plus clair de son opulence, si l'on voulait marier Irène, il était temps de la produire. Produire Irène était le grand cheval de bataille de mademoiselle Armantine, son argument vainqueur, sa réponse à tout, quand l'abbé, en sa qualité de Mentor, hasardait une remontrance. Il fallait produire Irène! Chef et gardien en l'absence du maître, de la petite colonie, l'abbé Gervais, par prudence et par caractère, était peu partisan de ce système de dissipation ; mais il fallait produire Irène ! Pour être franc, tout cela se bornait à quatre ou cinq gentillâtres plus ou moins laids, plus ou moins ennuyeux, qu'on recevait de loin en loin ; à quelques fêtes patronales, à quelques bals ou retours de noces, par-ci, par-là, dans un château voisin.

Les choses ainsi posées, on peut se faire une idée de la façon dont vivaient ces quatre personnages réunis sous le même toit. A force de douceur et de condescendance, madame de Valcreuse était parvenue, sinon à se concilier les bonnes grâces de sa belle-sœur, du moins à préserver leurs rapports de toute lutte fâcheuse, de toute collision apparente. Le lendemain de son mariage, Gabrielle avait déclaré que, loin de vouloir porter atteinte aux droits de personne, elle entendait que le sceptre de l'administration domestique restât aux mains qui le tenaient déjà. Mademoiselle Armantine ne s'était pas montrée insensible à cette abdication volontaire, faite en sa faveur sur les marches du trône; ç'avait été comme un rayon de miel dans la coupe amère de ses déceptions. Bref, si, de part et d'autre, les sympathies, depuis le premier jour, n'avaient pas fait un pas, nul symptôme d'hostilité n'avait éclaté entre les deux sœurs; il en était de leur intimité comme de ces températures un peu froides que n'échauffe pas le soleil, mais que ne trouble aucun orage. Obligée de s'observer vis-à-vis de madame de Valcreuse, mademoiselle Armantine se dédommageait d'une réserve dont tout lui faisait une loi, sur l'abbé qu'elle accusait en secret d'avoir déjoué ses plans et poussé son frère à épouser mademoiselle de Presmes. Le malheureux abbé passait souvent de mauvais quarts-d'heures, surtout lorsqu'Irène, qui ne voyait en lui qu'un Argus, se mettait de la partie, ce qu'elle manquait rarement de faire. Il est vrai que l'abbé n'avait pas assisté sans une sorte d'effroi au développement de tant de grâce et de beauté, comme s'il eût entrevu les malheurs que devait attirer autour d'elle cette folle et charmante tête. Quant aux deux cousines, malgré le contraste de leurs goûts et l'opposition de leurs caractères, elles s'aimaient d'une tendresse passionnée. Irène, en vue de plaire à Gabrielle, se serait abstenue d'aller au bal ; Gabrielle y serait allée pour ne pas en priver Irène. En résumé, ils menaient tous quatre une aimable existence où n'arrivait qu'en échos affaiblis les grandes rumeurs qui remplissaient le reste de la France.

Le temps coulait ; c'était toujours le même flot lent et paisible, lorsqu'il s'opéra tout-à-coup dans la personne de madame de Valcreuse un changement qu'Irène et mademoiselle Armantine remarquèrent à peine, mais qui frappa sur-le-champ l'abbé. Cette jeune femme qu'on avait vue jusqu'alors sans vive gaîté, mais sans mélancolie sombre, fut saisie d'une tristesse inattendue qu'elle s'efforça vainement de dérober à la clairvoyance de son vieil ami. Ses yeux se cernèrent ; le limpide éclat de son beau regard s'altéra. Les occasions de se distraire qu'elle n'avait jamais recherchées, mais qu'elle avait acceptées pourtant, elle les fuyait maintenant comme un danger, avec une sorte d'épouvante. L'abbé lui-même l'effarouchait : elle paraissait vouloir se dérober à sa curiosité. L'abbé l'épiait avec inquiétude. Il avait pensé d'abord que c'était l'absence d'Hector qui la troublait ainsi ; cependant Gabrielle ne parlait de son mari qu'avec une affection sereine ; ce n'était point là le langage de l'amour souffrant et blessé. Que se passait-il dans ce cœur si calme jusque-là ? Après l'avoir interrogée inutilement, le bon abbé finit par conclure qu'il en est des âmes les plus pures comme des sources les plus claires : on ne sait jamais bien ce qui se cache au fond.

Les choses en étaient là, le jour où mademoiselle Armantine se rendit à la noce en berlingot avec Irène. Le soir du même jour, madame de Valcreuse, soit qu'elle se sentit fatiguée de sa promenade à travers champs, soit qu'elle eût besoin de solitude, s'était retirée de bonne heure dans son appartement.

Elle resta longtemps au balcon, écoutant les mélodies confuses qui s'élèvent dans les campagnes aux approches de la nuit. Elle vit le soleil s'abîmer dans un océan de verdure, les étoiles s'allumer une à une au ciel, la lune monter lentement derrière les grands bois.

Triste, inquiète, agitée, on eût dit qu'elle pressentait quelque chose d'étrange et de fatal près d'éclater dans sa destinée.

Au bout d'une heure de contemplation, elle se jeta sur son lit et s'abandonna au courant d'une rêverie silencieuse. Vers quelles régions se dirigeaient ses rêves? quel rivage les attirait? L'abbé lui-même, si clairvoyant, n'avait pu découvrir leurs traces mystérieuses.

Gabrielle fut doucement ramenée sur la terre par deux bras caressants; c'étaient les bras d'Irène qui revenait de la fête, encore émue et toute palpitante du plaisir qu'elle avait goûté.

VI

— C'est Irène! c'est toi! s'écria la jeune femme dans une effusion de tendresse où perçait un sentiment de délivrance, comme si la présence de sa cousine l'eût arrachée à de dangereuses images. Assieds-toi là, près de moi, et causons. Que de choses ne dois-tu pas avoir à me dire!

— J'ai d'abord à te dire que je t'aime,

répliqua la jeune fille en lui jetant ses bras autour du cou. Cela n'est pas nouveau; cependant je crois t'aimer ce soir plus tendrement que je n'ai jamais fait. Ne m'en remercie pas, car ce soir j'aime tout le monde. Je viens d'embrasser l'abbé, que j'ai rencontré dans la cour. Allez, jeune folle! m'a-t-il dit. Je me suis échappée en riant, et me voici.

— Heureuse enfant, reste longtemps ainsi; la gaîté est la sagesse de ton âge. Mais parle-moi de cette fête, ajouta Gabrielle avec empressement, moins par curiosité que pour dissiper les fantômes qui l'obsédaient. Raconte-moi tes triomphes, dis-moi les louanges que tu as recueillies : dis-moi tout, je veux tout savoir.

— Si j'ai recueilli des louanges, je ne m'en souviens plus, et pourtant je ne pense pas être jamais revenue d'une fête avec un cœur si content, si joyeux. Pourquoi? Peut-être pourras-tu me l'apprendre.

— A quoi bon, cousine? Si ton cœur est joyeux, n'en demande pas davantage. Il n'est de joies sans mélange que celles qu'on ressent et qu'on n'explique pas. Le bonheur est une ombre craintive qui s'enfuit lorsqu'on l'observe de trop près. Mais parle, parle-moi, n'omets aucun détail : je ne hais plus les bruits du monde quand c'est ta douce voix qui les apporte à mon chevet.

— C'est tout un roman, dit Irène.

— Tant mieux, dit Gabrielle j'aime les romans.

Irène ne se fit pas plus longtemps prier.

Assise sur le bord du lit, près de madame de Valcreuse, elle était encore en toilette de bal, telle absolument que nous l'avons vue le matin; seulement, l'émotion du plaisir enflammait son visage d'un lumineux reflet. L'azur de ses yeux était plus chaud; sa beauté brillait d'un plus vif éclat. Elle avait sur ses joues et dans son regard l'ardeur virginale et l'animation d'une Diane chasseresse. Gabrielle l'écoutait avec complaisance, et, tout en l'écoutant, s'amusait à dénouer ses cheveux, tressés avec des perles. Cette scène était éclairée par la douce lueur d'une lampe d'albâtre, suspendue au plafond. Ainsi posées, les deux cousines formaient un groupe charmant qui se détachait à merveille sur le fond de l'ameublement, tout à la fois élégant et sévère. La tenture était de lampas rouge grenat, quelques meubles de Boule étincelaient dans la pénombre. Le marbre de la cheminée n'avait pour ornement que deux vases de vieux japon, remplis de fleurs et de bruyères. Enfin une bibliothèque de chêne sculpté donnait un caractère de recueillement studieux à cette retraite que Gabrielle, après le départ de son mari, s'était arrangée dans la partie la plus reculée du château, afin de suivre en paix ses goûts de rêverie, de solitude et de liberté.

— La belle journée! dit Irène. Troublée par la pensée que j'allais me distraire et m'amuser sans toi, en te quittant j'ai voulu d'abord être triste ; mais après un quart-d'heure au moins d'inutiles efforts, désespérant d'y réussir, j'ai fini par m'abandonner sans résistance au sentiment de joie qui m'inondait dans tous les replis de mon être. Que veux-tu? Jusque-là je n'avais jamais senti si vivement le prix de l'existence. Le parfum des haies, le vent frais du matin, le printemps partout, en moi, autour de moi, mieux encore la perspective des violons, tout m'enivrait, tout me ravissait ; les oiseaux chantaient des airs de menuet et les arbres dansaient sur le bord du chemin. Il n'y avait sous le ciel qu'une créature plus heureuse que moi, c'était mademoiselle Armantine; seulement, la crainte qu'un choc imprévu ne dérangeât l'économie de sa coiffure altérait un peu la sérénité de son âme. A cela près, elle était radieuse et me représentait le Bonheur se prélassant sur les coussins d'un berlingot. Exaltée par sa robe de damas de Gênes qui lui rappelait de trop chers souvenirs, elle ne tarda pas à entamer un récit bien connu; tandis qu'elle parlait, j'écoutais avec ivresse je ne sais quelles voix confuses et charmantes qui gazouillaient doucement dans mon sein. Cependant, il était l'heure de midi : ardent comme en un jour de juin, le soleil embrâsait le sentier que les chênes tardifs n'abritent pas encore. Chargé d'arômes énervants, l'air m'arrivait par chaudes bouffées; la voiture roulait sans bruit sur le gazon, et mademoiselle Armantine racontait toujours ses histoires. Si bien que moi, la folle Irène, qui ne rêve jamais que la nuit, je tombai peu à peu dans une rêverie profonde. Insensiblement, mes yeux se fermèrent; ma tête se pencha sur mon épaule, et la main qui jouait avec mon éventail tomba languissamment sur le velours de la portière.

— Allons, sois franche, dit Gabrielle, tu t'es endormie ?

— Entre nous, reprit Irène, ce que j'éprouvais n'était pas sans quelques rapports humiliants avec ce doux état qu'on nomme le sommeil. Je fus tirée de là par un cahot épouvantable, juste au moment où le chevalier de R... et le marquis de C... venaient d'être emportés par le même boulet. Le saisissement et la confusion que je laissai voir passèrent heureusement pour l'effet de l'émotion. Je me frottai les yeux; mademoiselle Armantine qui s'en aperçut, pensa que j'essuyais une larme : elle m'en sut gré. Ce qui te paraîtra moins plaisant, c'est qu'au bout d'une heure, je découvris que mon éventail s'était échappé de mes doigts pendant que je sommeillais: je m'assurai qu'il n'était pas dans la voiture. Juge de mon chagrin : j'aimais cet éventail. C'était une merveille, un vrai bijou, un présent d'Hector. Je voulus faire arrêter les chevaux, aller à la recherche de mon trésor perdu, et j'y serais allée, les pieds dans la rosée, la tête sous le soleil, si mademoiselle Armantine, qui brûlait d'arriver à la fête, n'eût jeté les hauts cris et déclaré tout net qu'il était insensé de vouloir retrouver un objet si menu dans une lieue d'ajoncs et de genets. Dès-lors, ce fut fini pour moi de tout plaisir, car cet éventail, disais-je en pleurant, c'est mon frère Hector qui me l'avait donné.

— Va, tu es une aimable fille, aussi bonne que belle, dit la jeune femme en l'attirant brusquement sur son cœur.

— Le fait est que je pleurais, poursuivit

Irène en se dégageant des bras qui l'enlaçaient. Mademoiselle Armantine avait beau me promettre, pour le jour de mes noces, son plus bel éventail, chef-d'œuvre de Lancret, cela ne me consolait guère. Je pleurais, je maudissais la fête, quand tout-à-coup parut à la portière un jeune cavalier qui retenait d'une main l'ardeur de sa monture et de l'autre me présentait le cher éventail que je n'espérais plus revoir. Je n'eus que le temps de m'en saisir avec un cri de joie; le cavalier était déjà loin, quand je songeai à le remercier. — Oh! Mademoiselle, m'écriai-je, avez-vous vu le beau jeune homme? — Bien qu'il eût passé comme un éclair, mademoiselle Armantine avait été frappée, comme moi, de son grand air et de sa bonne grâce. Certes, l'aventure n'avait rien d'étrange et pouvait s'expliquer sans efforts de réflexion; pourtant mademoiselle Armantine, dont tu connais l'imagination vive et tendre, n'hésita pas à voir dans cet incident si simple, le premier chapitre de quelque merveilleuse histoire. Moi-même, faut-il te l'avouer, je n'étais pas éloignée de partager son avis, et, pendant le reste de la route, nous nous perdîmes en conjectures pour deviner qui pouvait être ce mystérieux étranger.

— Eh bien! demanda Gabrielle, qu'as-tu deviné?

— Rien, répondit Irène, sinon qu'il était jeune et beau, et de noble race à coup sûr.

— Quelque chose me disait qu'il se rendait à la fête où nous allions. J'avais cessé de maudire cette fête en retrouvant mon éventail. Enfin, au bout d'une longue avenue de peupliers, nous aperçûmes un joli château dont les tourelles, les clochetons et les campaniles se découpaient sur le bleu vif du ciel. C'était là! nos cœurs s'épanouirent. Je regardai mademoiselle Armantine : elle était belle, elle avait vingt ans. A mesure que nous approchions, je croyais entendre le son des instruments; à travers le rideau des feuilles nouvelles, je croyais voir errer des groupes d'ombres souriantes. Notre berlingot s'arrêta fièrement au pied du perron, et les maîtres du lieu, accourus pour nous recevoir, nous introduisirent dans la salle de bal, où l'on ne dansait pas encore, mais où se trouvait réunie la noblesse des environs. Au nom de mademoiselle de Valcreuse, la foule s'ouvrit avec respect, et la sœur d'Hector fit une entrée si solennelle, si majestueuse, si royale en un mot, qu'on eût dit la reine de France visitant un de ses grands vassaux. Je la suivais comme une yole dans le sillage d'un navire à trois ponts. Je pris place auprès d'elle, et j'observai les physionomies en attendant le signal de la danse. Je n'eus pas de peine à remarquer que la réunion avait un caractère étrange. Les hommes s'entretenaient avec chaleur. Une ardente préoccupation, qui n'était pas celle du plaisir, se trahissait sur tous les visages; une sombre inquiétude se révélait dans tous les discours.

— On parlait des affaires publiques. Que disait-on? demanda Gabrielle.

— Décidément, cousine, il se passe là-bas de vilaines choses, et l'on ne s'amuse guère à la cour. On disait, par exemple, que le roi n'est plus maître chez lui; on parlait d'une coalition de trente mille gentilshommes angevins et poitevins tout prêts à marcher sur Paris. On parlait surtout du parti de l'émigration, que blâment les uns, et que les autres approuvent. On parlait aussi de la mort de M. de Mirabeau, de la constitution civile du clergé, de bien d'autres choses encore; seulement, on ne parlait pas de danser. Hélas! j'ai le pressentiment que la danse sera tuée par la politique. L'ennui, comme une pluie fine et glacée, commençait à me pénétrer jusqu'aux os, quand je découvris, à l'autre extrémité du salon, mon jeune cavalier, que je ne cherchais plus, et que j'avais, ingrate, à peu près oublié. Je le reconnus, c'était lui. Isolé dans la foule, il se tenait debout dans l'embrâsure d'une fenêtre, et promenait sur l'assemblée un regard distrait et rêveur. Il paraissait ne connaître personne; on eût dit que personne ne le connaissait. Il était là, triste et beau, noble et fier, tel que je l'avais deviné.

— Ah! cousine, cousine! s'écria Gabrielle en souriant; voilà, je le crains bien, un cœur perdu pour un éventail retrouvé.

— Quelle folie ! répondit Irène. Je l'examinais avec un sentiment de curiosité où se mêlait naturellement un peu de reconnaissance, quand son regard rencontra le mien. Il sourit, hésita, fit vers moi quelques pas ; mais en cet instant, violons, flûtes et flageolets mirent la politique en déroute ; un brusque mouvement s'opéra dans la salle, et mon jeune inconnu disparut encore une fois. Seulement j'entendis le vieux marquis de S... qui lui disait en essayant de le retenir : — Gustave, vous ne dansez pas ? La danse est pourtant de votre âge.

— Gustave ! s'écria Gabrielle avec un tressaillement presqu'imperceptible de surprise et d'effroi ; tu dis qu'il se nomme Gustave?

— Je devais le croire, répliqua la jeune fille, puisqu'on venait de le nommer ainsi.

— Mais, mon enfant, ajouta madame de Valcreuse se passionnant tout-à-coup pour ce récit qu'elle avait écouté jusque-là avec assez d'indifférence; tu ne m'as pas fait son portrait?

— Grand, mince, élancé, dit Irène ; le front pâle, les lèvres fines, le nez des races royales ; le costume élégant et simple; dans toute sa personne, une grâce souffrante et voilée.

— Et tu dis qu'il se nomme Gustave? répéta Gabrielle de plus en plus troublée.

— Sans doute ; que vois-tu d'étonnant à cela? demanda la belle enfant avec ingénuité. Ajoute que sa voix est douce comme la tienne.

— Il t'a parlé ! tu sais le nom de sa famille? demanda madame de Valcreuse avec une anxiété croissante.

— Conviens, cousine, que mon petit roman t'intéresse. Un peu de patience; à ton tour, tu vas tout savoir. Le bal touchait à sa fin; mademoiselle Armantine se préparait à le fermer par un de ces menuets imposants qui prouvent suffisamment que la danse est un passe-temps moins frivole que la calomnie ne se plaît à le faire croire. La chaleur était accablante ; j'entr'ouvris discrètement une fenêtre qui donnait de plain-pied sur la terrasse, et, profitant, pour m'esquiver, du moment où mademoiselle Armantine captivait l'attention générale, j'allai respirer l'air du soir. Le ciel était clair, la terrasse déserte.....

— Abrège, dit Gabrielle en l'interrompant ; ne te perds pas dans les détails. Te voilà sur la terrasse ; la terrasse est déserte ; pourtant, si déserte qu'elle soit, tu rencontres le jeune étranger.

— Oui, reprit Irène, et je ne saurais

dire comment la chose advint, en nous abordant, nous étions amis déjà. C'est à peine s'il fut question de mon éventail qu'il avait trouvé, comme un papillon blessé et les ailes ouvertes, sur une touffe de genêts. Il m'apprit qu'arrivé de Paris depuis quelques jours seulement pour recueillir un héritage, il ne connaissait que le marquis de S..., qui l'avait amené à cette fête malgré lui. Je lui demandai s'il avait l'intention de se fixer dans le Bocage. Il répondit qu'ayant assisté à la ruine de ses plus chères espérances, il ne formait plus de projets; que, d'ailleurs, dans ces mauvais jours, nul ne pouvait prévoir où l'entraînerait le vent déchaîné sur la France. Je trouvais un grand charme à ce qu'il disait, et je crois bien que, de son côté, il prenait plaisir à m'entendre. Tout en causant, nous nous étions assis l'un près de l'autre sur un mur d'appui tapissé de lierre. Les étoiles brillaient au-dessus de nos têtes, et la lune, qui se levait...

— Laisse la lune se lever, mon enfant. Le nom de sa famille, enfin, te l'a-t-il dit?

— Oh! rassure-toi, répondit Irène, se méprenant complètement sur l'inquiétude de Gabrielle. Je ne m'étais pas trompée; il est de bonne maison. Sa tante, qui vient de mourir en lui léguant ses biens, avait une charge à la cour; son père était le comte de Kernis. Les terres et le château dont il a hérité sont situés dans le Marais : il est presque notre voisin. Admire les coups du sort! M. de Kernis a une lettre pour mademoiselle Armantine. Il était résolu d'abord à l'envoyer. Il a changé d'avis, il viendra, et je crois pouvoir affirmer, sans trop d'orgueil et de vanité, que je suis pour quelque chose dans sa nouvelle résolution.

— Il viendra! répéta madame de Valcreuse, dont le front s'était couvert d'une pâleur mortelle.

— Demain, il l'a promis. Avais-je raison tout-à-l'heure, et n'est-ce pas en effet un roman? Le bal était fini; nous nous dîmes adieu, et je rentrai dans la salle, où mon absence n'avait pas été remarquée. Une heure après le berlingot roulait le long des haies, nous emportant vers Valcreuse, mademoiselle Armantine et moi; elle, encore toute frémissante de son dernier menuet; moi, tout émue d'un bonheur sans nom, fraîchement éclos dans mon âme. Soudain, à la portière où j'étais accoudée, j'aperçus M. de Kernis, qui revenait par le même chemin. Il ralentit le pas de sa monture et se tint à côté de moi. Pas un mot ne fut échangé; mais nos regards se rencontraient et nos cœurs se parlaient tout bas. Mademoiselle Armantine dormait; nous étions quittes. Ce que je ne comprends déjà plus, c'est le profond oubli de toutes choses dans lequel je passai ainsi près d'une heure. Il me semblait que nous devions aller de la sorte jusqu'au bout du monde, et que la vie n'était qu'un long voyage, avec un beau jeune homme chevauchant à la portière. Cependant la route devenait tellement étroite, que j'entendais le bruit de la roue rasant l'acier de l'étrier. Il y avait des moments où M. de Kernis était si près de moi, que j'aurais pu caresser l'encolure de son cheval, bel animal à la robe d'ébène que la lune argentait. Te l'avouerai-je? j'en eus la fantaisie. Je résistai d'abord, enfin, je succombai; mais, comme j'avançais timidement une main furtive, M. de Kernis la saisit, la baisa, et, ce qu'il y a de plus triste à dire, c'est que cela ne me fit pas de peine. En cet instant, mademoiselle Armantine se réveilla, et M. de Kernis disparut comme une ombre au détour du sentier. Mais qu'as-tu donc,

Gabrielle? Tu parais distraite; tu souffres; tu ne m'écoutes pas.

— Non, mon enfant, non, je ne souffre pas; je t'écoute.

— C'est donc que mon babil te fatigue et 'ennuie? Tu m'avais recommandé de n'omettre aucun détail : je n'ai rien omis, j'ai tout dit.

— Tu m'as intéressé plus vivement que je ne saurais l'exprimer et que tu ne pourrais le croire; mais l'air est embrâsé et l'on étouffe ici. On dirait une nuit d'orage.

— Vois au contraire quelle nuit enchantée! s'écria la jeune fille en entraînant sa compagne sur le balcon. Vois que le ciel est pur, que les champs sont paisibles! Quel calme! quel silence! quelle sérénité! Tu avais raison, l'autre jour : oui, mon Dieu, la nature est bonne. Tiens, si j'ai bien saisi les indications de M. de Kernis, c'est là-bas qu'il habite, où finit le Bocage, où le Marais commence. Il doit être rentré, car son cheval allait comme le vent. Demain, s'il ne s'égare pas, il débouchera par ce petit sentier que la lune blanchit, et qui court si gaîment à travers la verdure. J'ai toujours aimé ce sentier. La brise est fraîche et souffle du côté du levant; demain, comme aujourd'hui, la journée sera belle. Cela ne te contrarie pas, au moins, que j'aie attiré ce jeune homme au château? Dans la solitude et la monotonie où notre vie s'endort, il sera pour nous une distraction. L'abbé n'est pas tous les jours amusant; mademoiselle Armantine aurait besoin de quelques histoires de rechange. M. de Kernis arrive de Paris ; il nous donnera des nouvelles. J'ai l'idée qu'il te plaira. J'oubliais de te dire que la renommée de M. de Valcreuse est allée jusqu'à lui. Il le savait absent; il ne le savait pas marié...

— Tu lui as parlé de moi! s'écria la jeune femme avec un redoublement de terreur.

— J'ai dit tout simplement que j'étais ta cousine; que je t'aimais, que nous vivions avec mademoiselle Armantine comme trois sœurs sous le même toit. Ai-je eu tort? A ton tour, parle-moi : qu'as-tu fait de ces heures si charmantes, si rapides pour moi?

— Toutes les heures de ma vie se ressemblent, et je n'ai rien à raconter.

— Quand je suis entrée, tu rêvais, tu pensais à notre cher Hector. Pourquoi ne revient-il pas? pourquoi l'as-tu laissé partir? Va, tu n'es pas seule à pleurer son absence. Il est si bon! c'est un si noble cœur! Je comprends que tu l'aimes avec adoration. Sans lui, où serions-nous? dans une étroite cellule, aux Ursulines de Machecoul. Tout à l'heure, en apercevant à la lueur des étoiles l'ancienne habitation de madame de Presmes, juste au moment où mademoiselle Armantine venait, en s'éveillant, de faire envoler M. de Kernis, je me suis rappelé tous les détails de notre délivrance. Que le bonheur se plaît au souvenir de la douleur passée! qu'il est doux de revoir, le sourire sur les lèvres, les lieux où l'on a souffert, de suivre en chantant le chemin qu'on a longtemps mouillé de ses larmes! J'aurais voulu pouvoir descendre de voiture, ouvrir la grille, monter les degrés du perron, aller m'asseoir dans notre embrâsure de fenêtre ; enfin j'aurais voulu m'égarer dans ce parc où nous avons promené tant d'ennuis, d'où nous sommes sorties un soir si joyeuses et si légères. Ah! quel jour de printemps, si ce n'est celui-ci, valut jamais pour moi ce doux soir de novembre ! Tous les incidents de cette soirée me revenaient en mémoire. L'arrivée d'Hector précédé de ses chiens, son attitude, celle de la marquise, le revirement de notre destinée, notre départ, le trajet fait à pied, la carriole du monastère qui s'en retournait comme une cage vide, la jolie révérence que je tirai à madame la supérieure en me rangeant pour la laisser passer, je revoyais, je retrouvais tout : et mon âme s'exhalait vers Hector en hymnes de reconnaissance. C'est à lui, disais-je avec ivresse, c'est à lui que je dois ma chère liberté !

Irène parla longtemps sans être interrompue ; madame de Valcreuse n'écoutait plus son frais ramage. Irène, de son côté, remarquait à peine le trouble de sa cousine, tant est déjà profond l'égoïsme d'un jeune cœur qui vient de s'entr'ouvrir à l'amour, tant il suffit à remplir le monde, cet amour qui ne fait que de naître et ne se connaît pas encore !

Cependant la nuit avait franchi depuis près de trois heures la moitié de sa course. L'horizon achevait de ronger le disque bruni de la lune; l'haleine du matin agitait la cime des arbres; déjà, dans les fermes prochaines, les coqs avaient averti le jour.

— Mon enfant, dit enfin madame de Valcreuse, il faut nous séparer; l'aube va poindre et tu dois avoir besoin de repos.

— L'aube! s'écria la jeune fille dans un vif transport d'allégresse; déjà l'aube! déjà le jour! Ainsi, nous sommes à demain; ainsi, demain c'est aujourd'hui!

— Va te reposer, mon enfant, ajouta madame de Valcreuse; je vais moi-même essayer de dormir. Décidément, je ne suis pas bien; tu ne te trompais pas tout à l'heure.

— Tu souffres; j'en étais sûre. Mais, cousine, tes mains sont glacées, et tu as sur les joues la pâleur de la mort! reprit avec sollicitude Irène, qui, en s'approchant de Gabrielle pour l'embrasser, avait été frappée de l'altération de ses traits.

— Ce n'est rien; un peu de malaise causé par le retour du printemps. Va, mon enfant, et que Dieu t'envoie de doux songes !

A ces mots, les deux cousines s'embrassèrent, et Irène gagna d'un pied léger son appartement. Elle se déshabilla lentement, en souriant avec délices à sa gracieuse image qui se reflétait dans la glace d'une toilette à la duchesse ; à voir ses naïfs enchantements et son trouble ingénu, on eût dit qu'elle assistait à la première révélation de sa jeunesse et de sa beauté. Elle s'endormit aux bruits du matin, fraîches rumeurs, confuses mélodies, qui semblaient répondre aux voix mystérieuses nouvellement éveillées dans son sein.

Que faisait cependant madame de Valcreuse?

Assise sur le bord de son lit, blanche, froide, immobile, les bras croisés sur sa poitrine, on aurait pu la prendre pour une statue représentant tout à la fois la stupeur et le désespoir.

Elle resta longtemps ainsi.

— Gustave de Kernis! murmura-t-elle enfin.

A ce nom prononcé d'une voix mourante, tout son corps frissonna.

— M. de Kernis! reprit-elle; ici... dans

quelques heures... chez mon mari! chez moi!

Et, par un brusque mouvement d'épouvante, elle cacha sa tête entre ses mains.

L'aube blanchit le ciel; les étoiles pâlirent; le soleil se leva.

Madame de Valcreuse était encore à la même place.

VII

M. de Kernis avait grandi dans la dernière période du dix-huitième siècle. Il appartenait à cette jeune génération qui, sans posséder, comme la nôtre, l'intelligence de la liberté, sans avoir deviné la mélancolie qui était déjà pour l'Allemagne, et devait être plus tard pour l'Angleterre, un fond si riche de poésie, prenait cependant au sérieux la passion et la liberté, semblait pressentir toutes les idées, tous les instincts, toutes les conquêtes politiques du siècle suivant, et s'efforçait d'effacer, par la gravité de ses mœurs, par l'austérité de son langage, la conduite licencieuse, les propos impies de la génération qui l'avait précédée. A cette époque, les vrais enfants étaient les vieillards ; les hommes vraiment dignes de ce nom ne se rencontraient guère que dans les rangs de la jeunesse. Montesquieu avait retrouvé les titres égarés de l'humanité ; Jean-Jacques avait retrouvé l'amour enfoui sous le fumier de la Régence. A ces deux sources vives, les fils avaient lavé la souillure imprimée sur leurs fronts par la débauche et l'incrédulité de leurs pères ; ç'avait été pour eux un baptême régénérateur. Ces deux grands génies avaient suscité toute une légion d'esprits élevés, de cœurs généreux, pénétrés de leurs principes, animés de leur ambition, dévoués comme eux à la sainte cause de la justice. La *Nouvelle Héloïse,* surtout, comptait presque autant de prosélytes que de lecteurs. On relisait, on méditait les pages brûlantes ou austères de cette immortelle correspondance, comme les versets d'un nouvel évangile ; on s'étudiait à modeler sa conduite, sa pensée, sa parole sur l'amant de Julie.

M. de Kernis avait vingt-trois ans, mademoiselle de Presmes en avait seize, lorsqu'ils se rencontrèrent pour la première fois. Ils paraissaient formés l'un pour l'autre. Par l'élévation naturelle de son cœur et de son esprit, mademoiselle de Presmes appartenait, elle aussi, à cette génération d'élite digne de naître en des temps meilleurs, et qui fut entre le passé et l'avenir, entre le siècle près de finir et l'ère nouvelle près de commencer, comme un anneau brisé, comme un pont rompu emporté en un jour d'orage. Plus grave, plus sérieuse à seize ans que ne l'étaient alors, que ne le sont encore aujourd'hui la plupart des femmes à tout âge, Gabrielle avait étudié de bonne heure à une école qui, pour ne relever d'aucune université, n'en est pas moins féconde en enseignements de tout genre. Elle sortait à peine de l'enfance lorsqu'elle avait perdu sa mère. Un an plus tard, elle avait vu son père presque sexagénaire, sans respect pour les cendres à peine refroidies, choisir une seconde femme dont le caractère n'excusait pas une pareille témérité On connaît madame de Presmes; on se souvient de l'avoir vue à l'œuvre; on peut se faire aisément une idée de ce que dut être près d'elle l'existence de Gabrielle. Il est bien rare qu'entre une jeune fille et une belle-mère presqu'aussi jeune qu'elle, la vie puisse être longtemps calme et paisible, et cette fois madame de Presmes, par la sécheresse de son cœur, rendit la vie commune encore plus difficile.

Séparée de son père, qu'une folle passion absorbait tout entier, Gabrielle avait achevé de grandir dans la solitude. Livrée à elle-même, au lieu de semer ses pensées dans les conversations oisives, elle avait amassé des trésors de réflexion et contracté cette habitude de réserve et de silence qui devait exercer sur sa destinée une action si funeste. Ses sentiments, refoulés sur eux-mêmes, ne trouvant pas à s'épancher, avaient développé en elle une disposition romanesque, un attendrissement sans objet; obligée d'appeler l'imagination au secours de la réalité, elle avait fréquenté le monde des chimères; sans le chercher, elle avait entrevu le sentier de la rêverie, ajourd'hui si frayé, si battu, alors ignoré du vulgaire, où Jean-Jacques seul avait laissé l'empreinte de ses pas. Elle était, à seize ans, dans l'épanouissement de sa jeunesse et de sa beauté : jeunesse ardente et contenue tout à la fois ; beauté sévère, je l'ai déjà dit, qui ne répondait pas au goût de l'époque, mais qui s'accordait merveilleusement avec les principes de M. de Kermis.

Noble et fier, réunissant en lui toutes les ardeurs de son âge, tempérées par cette sorte de gravité américaine qu'affectait alors la jeune noblesse de France; trop intelligent, trop épris des idées nouvelles pour croire à l'éternelle durée des institutions au milieu desquelles il avait été élevé; trop généreux, trop richement doué pour voir sans dédain, sans dégoût, ce qui s'était appelé passion sous le règne de Louis XV; disciple fervent de Jean-Jacques Rousseau, poussant jusqu'au culte le respect de la femme, jusqu'au fanatisme le culte de l'amour; cœur enthousiaste, âme sincère et tourmentée, à la recherche d'une Julie d'Étanges : tel était M. de Kernis, quand le hasard l'introduisit dans le cercle où vivait le marquis de Presmes. C'est ainsi que M. de Kernis et Gabrielle se rencontrèrent.

Ils s'aimèrent; comment eût-il pu en être autrement? Jeunes et beaux tous deux, égarés, solitaires dans une société frivole et corrompue, ils pressentirent l'un dans l'autre le type idéal qu'ils avaient rêvé ; ils devinèrent l'un dans l'autre tous les nobles instincts, toutes les chastes ambitions dont ils avaient nourri leur pensée. Ainsi deux flammes inquiètes, dégagées d'un marais impur, se cherchent pour se confondre ; ainsi deux cygnes voyageurs se reconnaissent aussitôt à la blancheur de leurs ailes et tendent à se rapprocher pour aller s'abattre ensemble sur un rivage préféré. Il s'aimèrent ; comment auraient-ils pu ne pas s'aimer? Ils avaient poursuivi les mêmes rêves, caressé les mêmes espérances ; ils brûlaient du même feu ; la même soif dévorait leurs lèvres. Tous deux croyaient également à l'amour, au bonheur, à la durée des promesses, à l'inviolable sainteté des serments. Comment donc en effet ne se fussent-ils pas aimés? Ils s'aimèrent, fatalement, irrésistiblement attirés.

Entre les cœurs sincères, les débuts de la passion se ressemblent toujours. C'est éternellement le même poème mystérieux et charmant, chanté par des voix nouvelles; l'accent varie, mais le sens divin de la mélodie ne saurait varier. A quoi bon raconter comment mademoiselle de Presmes et M. de Kernis, après s'être sentis attirés l'un vers l'autre, s'avouèrent enfin qu'ils s'aimaient? Ceux qui ont vécu consulteront leur mémoire : plus heureux cent fois ceux qui n'ont pas encore de souvenirs !

Ces deux enfants en étaient encore aux préludes de la passion, premiers enchantements de l'âme qui s'éveille et des sens qui s'ignorent; ils n'avaient pas même songé à se demander ce qu'ils espéraient, ce qu'ils voulaient, ce que la destinée réservait à leur tendresse, lorsque madame de Presmes surprit le secret de leur mutuel entraînement. Jusque-là madame de Presmes n'avait vu dans sa belle-fille qu'un devoir importun à remplir; dès-lors elle comprit qu'elle avait une rivale à redouter. Soit que le spectacle de l'amour pur et désintéressé l'irritât en l'obligeant à faire un retour humiliant sur elle-même, soit qu'elle sentît au fond de son cœur pour M. de Kernis un goût que le vieux marquis n'était guère en mesure de combattre victorieusement, soit enfin qu'elle devinât dans l'amant de Gabrielle un homme capable de contrarier ses projets sur la fortune de son mari, elle résolut de briser à tout prix ce bonheur naissant. Elle réussit sans peine à présenter à

M. de Presmes les relations de ces deux jeunes gens sous le jour qui devait servir son dépit ou ses intérêts. Le fait est que le jeune vicomte, en hostilité ouverte avec son père à cause de ses opinions qui passaient alors pour téméraires, était pauvre et ne pouvait offrir à Gabrielle, pendant de longues années, qu'un avenir incertain; le marquis, pour lui fermer sa porte, n'en demanda pas davantage. Toutefois, avant de se séparer, M. de Kernis et Gabrielle trouvèrent moyen de se revoir : dans cette dernière entrevue, ils se jurèrent une fidélité mutuelle et se promirent d'attendre avec résignation des jours meilleurs. Hélas! les jours meilleurs, quand donc arrivent-ils? La vie se passe à les attendre.

Le véritable amour croît dans la douleur et se fortifie dans l'absence ; les larmes qu'il répand sont la rosée céleste qui entretient son éclat et sa vie. C'est du moins ce qui se passa chez Gabrielle. Retombée dans l'isolement, Gabrielle remplit sa solitude de l'image adorée. Dans son désespoir, M. de Kernis avait quitté Paris et la France. Pour comble d'infortune, moins prévoyants que Saint-Preux et Julie, ces deux enfants n'avaient pas songé, dans le trouble des derniers adieux, à se ménager la suprême consolation des amants séparés par le sort. M. de Kernis écrivit pourtant ; mais, interceptées par la vigilance de la marquise, ses lettres restèrent naturellement sans réponse. Qu'importait à mademoiselle de Presmes le silence de son amant? Sa passion se suffisait à elle-même; elle brûlait de sa propre flamme et n'avait pas besoin d'aliment. Les lettres de M. de Kernis, Gabrielle les lisait dans son cœur. Elle était jeune, elle avait la foi, cette compagne inséparable du premier amour, qui s'éteint et meurt avec lui, mais qui ne renaît pas, comme lui, de ses cendres. Elle croyait en M. de Kernis ; elle croyait en lui comme en Dieu ; elle eût vieilli loin de sa présence sans douter un instant de sa fidélité. Heureuse confiance de la jeunesse ! âge charmant, trop vite envolé ! Les joies et les plaisirs que nous goûtons plus tard pâlissent et s'effacent au souvenir de tes souffrances.

Cependant le marquis mourut. Près

d'expirer, ses yeux se dessillèrent. Il comprit, mais trop tard, à quelles erreurs l'avait entraîné l'extravagance de sa passion : il avait dépouillé sa fille d'une façon irréparable. C'était peu de temps avant sa mort que M. de Presmes, plein de contradictions, avait recueilli sa nièce, orpheline et déshéritée. Irène n'était alors qu'un enfant, trop jeune encore pour recevoir les confidences de sa cousine ; d'ailleurs, le caractère de Gabrielle se prêtait peu aux épanchements. Irène put ainsi ignorer l'existence et le nom de M. de Kernis jusqu'au jour où elle le rencontra pour la première fois.

Madame de Presmes atteignait enfin le but de son ambition. Elle avait empêché le mariage de Gabrielle, tant que ce mariage pouvait nuire à ses intérêts. La mort la délivrait de son mari, la faisait riche et libre; il ne lui restait plus qu'à se débarrasser de sa belle-fille et d'Irène. Ce fut alors que la marquise pensa aux Ursulines de Machecoul. Gabrielle résista d'abord; elle ne résista plus quand madame de Presmes lui annonça le mariage de M. de Kernis et lui fournit les preuves qui devaient la convaincre. Et pourtant, Gabrielle doutait encore! Elle demanda un an de répit. L'année s'écoula, rien ne vint réveiller la foi dans son cœur foudroyé.

Ainsi, le doute n'était plus permis, tout venait à l'appui des preuves accablantes produites par madame de Presmes. M. de

Kernis était marié! Au mépris des serments échangés à la face du ciel, il avait disposé d'un cœur et d'une main qui ne lui appartenaient plus ; le nom qu'il avait promis à Gabrielle, une autre femme le portait. Gabrielle avait mis en M. de Kernis tout son espoir et sa vie tout entière ; elle avait personnifié en lui l'honneur, la loyauté, toutes les nobles vertus qui font de l'homme l'image de Dieu sur la terre. Que lui importait désormais de vivre au sein du monde ou dans la solitude? Pour elle désormais, la solitude était partout? Pas un reproche ne sortit de son sein, pas une plainte de ses lèvres. Tous ses rêves étaient brisés, toutes ses illusions détruites. Morte à toutes choses, trop pure et trop fière pour essayer de bâtir sur les ruines, il ne lui restait plus qu'à s'ensevelir vivante dans sa douleur.

Eh bien! elle doutait encore! Sous la certitude qui l'écrasait de toutes parts, l'infortunée se débattait encore!

— O mon amour! ô ma vie! disait-elle, est-il donc vrai que vous m'ayez trompée?

Elle se rappelait les dernières paroles de M. de Kernis; la foi agonisante refusait de mourir dans son cœur.

— Un jour! encore un jour! disait-elle à madame de Presmes qui pressait son départ; un jour encore! je partirai demain.

Tous les bruits du dehors la faisaient tressaillir. Appuyée dès le matin sur le balcon de sa fenêtre, elle plongeait dans la foule un regard avide; elle croyait, dans chaque cavalier, reconnaître M. de Kernis; à chaque instant il lui semblait qu'elle allait le voir paraître, se précipiter à ses pieds, embrasser ses genoux en lui donnant les noms les plus tendres. Chaque matin, en s'éveillant, il lui paraissait impossible que la journée pût s'achever sans ramener M. de Kernis, sans le ramener libre et triomphant.

Cependant, les semaines s'écoulaient sans amener aucun changement dans sa destinée. Victime résignée, n'attendant plus rien ici-bas, Gabrielle se mit à la disposition de sa belle-mère. Le cloître ne l'effrayait pas ; seulement elle s'en effrayait pour Irène.

VIII

On peut s'expliquer maintenant l'hésitation que Gabrielle laissa paraître, quand M. de Valcreuse lui offrit son nom ; on peut comprendre quel trouble, quel effroi dut jeter en elle cette offre inattendue. Elle savait M. de Kernis infidèle et marié; mais, chez elle, cette conviction, tout en brisant la vie, n'avait pas tué l'amour. Si la passion n'existait qu'à titre d'échange, si nous n'aimions qu'à la condition d'être aimés, aimer serait trop doux et trop facile. Elle savait M. de Kernis infidèle, mais elle ne se croyait pas dispensée pour cela de rester fidèle à son désespoir. Pouvait-elle d'ailleurs accepter sans rougir la main de M. de Valcreuse? Placée en face d'un homme loyal et généreux, pouvait-elle, sans mourir de confusion, abuser un cœur qui se donnait à elle tout entier? Et cependant, quand Irène prit sa main et la mit dans celle d'Hector, Gabrielle ne la retira pas : elle se sacrifia pour Irène.

Trop jeune encore, trop vivace pour se résigner aisément à l'éternelle solitude, se laissa-t-elle entraîner à son insu vers de nouvelles espérances? A son insu, pour excuser sa faiblesse, s'abrita-t-elle derrière une pensée compâtissante? Bien que les natures les plus droites et les plus honnêtes soient pleines de mystères et de détours, il vaut mieux croire que le sacrifice fut complet et sincère.

Gabrielle avait pour Irène une amitié peu commune ; incapable d'aimer à demi, elle s'était prise pour cette enfant d'une tendresse passionnée. Elle l'avait reçue des mains de sa mère mourante; elle avait promis solennellement de veiller sur elle et de la protéger. Ce n'est pas tout : cédant à cette loi qui nous attire vers les dons que nous ne possédons pas nous-mêmes, elle l'aimait d'autant plus qu'elle lui ressemblait moins. Depuis plus d'un an qu'il était question pour elles d'entrer au couvent, elle avait vu la douleur de sa cousine, ses larmes, son effroi, son aversion profonde pour la vie monastique. Gabrielle se dit que si elle refusait le nom de M. de Valcreuse, Irène était perdue sans retour pour le monde, pour le bonheur; le remords s'apaisa dans l'orgueil du dévoûment.

Si elle eût aimé M. de Valcreuse, elle eût été peut-être arrêtée par la conscience de son infidélité ; mais, en lui donnant sa main, elle restait fidèle à son premier, à son unique amour. Enfin, ne croyant pas à la passion d'Hector, persuadée qu'il n'obéissait qu'à un mouvement de chevaleresque pitié, Mademoiselle de Presmes put se dire, pour achever de se rassurer, qu'elle serait toujours en mesure de rendre l'affection qu'elle recevrait.

Dans l'ivresse du sacrifice, Gabrielle avait trop présumé de ses forces. Le lendemain, en se réveillant sous le toit de l'homme qu'elle avait accepté pour époux, aux prises avec la réalité, face à face avec sa position, elle fut frappée de stupeur. Le courage, qui l'avait animée la veille s'affaissa; malgré son amitié pour Irène, elle oublia le but de son dévoûment pour ne plus songer qu'à sa détresse. Elle vit son amour se dresser devant elle comme un fantôme courroucé; elle sentit profondément ce qu'elle n'avait fait qu'entrevoir dans le trouble des premières heures, c'est que, parjure deux fois en même temps, elle allait justifier l'abandon de M. de Kernis et trahir la confiance de M. de Valcreuse : c'est qu'elle allait les tromper tous deux. Que résoudre, pourtant? Reculer, il était trop tard. Pour rendre à sa conscience un peu de calme et de sécurité, Gabrielle prit avec elle-même l'engagement de tout révéler à M. de Valcreuse, avant de l'épouser, et de le faire juge de l'état de son cœur. De pareils aveux semblent faciles quand on a devant soi plusieurs jours de répit; mais, l'heure venue, la force manque, la résolution faiblit, la parole s'arrête sur les lèvres, et l'on ajourne encore une fois ce que l'on s'était promis d'accomplir. Décidée à la franchise, n'ayant plus à rougir à ses propres yeux, réhabilitée vis-à-vis d'elle-même, grace au parti qu'elle venait de prendre, Mademoiselle de Presmes s'abusa peu à peu sur le péril de son étrange situation. Chaque matin elle s'éveillait avec la ferme intention de tout dire; chaque soir elle s'endormait sans avoir rien avoué. C'est ainsi que, de délai en délai, elle arriva au terme fatal. Quel aveu faire désormais? L'aveu le plus complet, le plus franc, le plus absolu, pouvait-il réparer sa faiblesse et son imprudence? Et lors même qu'elle eût parlé sans réserve, lors même qu'elle eût ouvert son cœur, que pouvait-elle espérer? Elle eût inutilement troublé le repos de l'homme qui venait de l'associer à sa destinée. En profitant si longtemps de son erreur, elle avait perdu le droit de le détromper.

Les premières semaines du mariage, bien que paisibles en apparence, furent pleines de trouble et d'agitation. Gabrielle comprenait trop tard qu'elle était engagée dans un dédale sans issue. Elle avait donné sa main, ne pouvant plus donner son cœur. Pourtant, malgré la profondeur de ses regrets, malgré la sincérité de ses remords, elle eût fini sans doute par aimer M. de Valcreuse; s'il eût interrogé avec courage cette âme qui s'obstinait à demeurer muette, un jour sans doute Gabrielle eût laissé son secret s'échapper de son sein. M. de Valcreuse, sûr enfin de l'ennemi qu'il avait à combattre, voyant face à face l'ombre qui se plaçait entre sa femme et lui, eût réussi à s'emparer de ce cœur tourmenté. Si dévouée qu'elle fût au souvenir de M. de Kernis, si absorbée qu'elle pût être dans la contemplation de son image, comment eût-elle résisté à tant de noblesse et de loyauté? S'il eût osé montrer tous les trésors de sa riche nature, à coup sûr elle l'eût aimé.

Malheureusement, tandis qu'elle s'éloignait de lui par pudeur, par confusion, il s'éloignait d'elle par abnégation, par générosité. En s'obstinant à se faire aimer, il eût craint de réclamer le prix de ses bienfaits. Il contenait son ardeur; il attendait l'affection de Gabrielle; il ne voulait pas la solliciter. Ainsi, cette double méprise, cette mutuelle défiance creusaient chaque jour entre les deux époux un abîme de plus en plus profond. Gabrielle croyait fermement que M. de Valcreuse l'avait épousée par pitié, et M. de Valcreuse pensait que Gabrielle ne l'avait épousé que pour échapper au couvent.

Cette lutte silencieuse durait encore, lorsque M. de Valcreuse reçut le brevet qui lui donnait le commandement de l'*Invincible*, avec ordre de partir pour les mers de l'Inde. Il sentait qu'il n'était pas aimé; il croyait comprendre que sa présence était importune. Cette conviction devait le décider à partir. Est-il besoin de le dire d'ailleurs? Lors même qu'il se fût senti aimé, la passion de la mer, la passion du danger, l'orgueil du commandement eussent peut-être suffi pour l'entraîner. Cependant, d'un seul mot, Gabrielle pouvait le retenir ; peut-être Hector n'attendait-il que ce mot pour rester. Mais c'étaient deux âmes également timides et fières. Gabrielle n'osa pas solliciter un sacrifice que l'amour seul pouvait inspirer, et M. de Valcreuse, de son côté, n'osa pas offrir un sacrifice que l'amour seul pouvait accepter.

Il partit ; sa femme et l'abbé l'accompagnèrent jusqu'à Brest. Gabrielle visita l'*Invincible ;* elle y fut reçue comme une jeune reine. Elle examina tout, et se fit

tout montrer avec une curieuse sollicitude.
Elle flatta de sa main la croupe luisante
des canons, présida à l'arrangement de la
chambre du capitaine, et voulut rester à
bord jusqu'au moment de l'appareillage.
Le spectacle de la mer, l'agitation et le
bruit du port, les apprêts du départ, cette
frégate qui lui parlait de la gloire de son
noble époux, l'attitude même d'Hector
qui s'était comme transfiguré en posant
le pied sur le pont d'un navire, tout frappa
vivement son imagination et ses sens
exaltés.

A l'heure des adieux, quand l'*Invincible*
eut déployé ses ailes, soit pressentiment
de sa destinée, soit qu'à cette heure solennelle elle oubliât de réprimer les élans

de son âme, Gabrielle, par un mouvement passionné, se jeta dans les bras d'Hector, et, se pressant contre lui avec un sentiment d'effroi, le supplia de ne point partir. Jamais M. de Valcreuse ne l'avait vue si belle et si touchante ; il la serra sur son cœur, qu'il n'avait jamais senti si troublé. Hélas ! en cet instant suprême, ils eurent l'un et l'autre comme une confuse révélation qu'ils disaient adieu au bonheur. Il n'était plus temps : l'ancre était levée, le vent enflait les voiles, et, comme un cheval impatient du frein, la frégate piaffait dans la vague.

Après le départ de M. de Valcreuse, il se fit chez Gabrielle un travail étrange, mystérieux, enchanté. Ses remords, que n'aiguillonnait plus la présence d'Hector, s'apaisèrent; le silence des champs, la paix du foyer domestique descendirent insensiblement dans son âme. La parole affectueuse et grave de l'abbé acheva de lui rendre le calme et le repos qu'elle n'espérait plus retrouver sur la terre. Si le passé se réveillait encore et grondait à son chevet, ce n'était plus que le bruit sourd de la tempête qui s'éloigne ; s'il restait encore sur son front quelque nuage, ce n'était plus que la blanche vapeur qui voile, sans l'altérer, la sérénité du ciel. Si de loin en loin des pleurs coulaient encore de ses yeux, ces pleurs étaient sans amertume, pareils à la pluie tiède et bienfaisante qui succède au tumulte des éléments. Il n'est pas d'éternels regrets, non plus que de joies éternelles. Peu à peu l'image de M. de Kernis pâlissait dans son sein. Gabrielle se dit que M. de Kernis, en se mariant, l'avait dégagée; qu'en disposant d'elle-même, elle n'avait manqué à aucun de ses serments. Devait-elle, par respect pour une promesse qu'il avait violée le premier, se sacrifier, se condamner à un veuvage sans fin? Sa conscience une fois affranchie, son cœur, désormais plus léger, se laissa soulever par de nouvelles espérances. Présent, M. de Valcreuse n'était pour elle qu'un reproche vivant; absent, ce fut vers lui que se tournèrent toutes ses pensées, tous ses rêves. Cette bonté dont les témoignages l'avaient humiliée, elle en aimait maintenant, elle en caressait le souvenir avec complaisance; elle s'accusait de l'avoir méconnue, de l'avoir découragée peut-être. Elle sentait poindre en elle une affection moins vive, moins poétique, moins exaltée sans doute, mais plus sérieuse, plus profonde, plus solide que sa passion pour M. de Kernis. Ainsi cette jeune femme reprenait à la vie et préparait à M. de Valcreuse des joies inespérées pour son retour, quand l'édifice naissant de son bonheur fut renversé de fond en comble par un coup de vent inattendu.

Moins d'un an s'était écoulé depuis le départ de M. de Valcreuse, lorsque Gabrielle reçut une lettre de madame de Presmes.

Qu'on juge de son épouvante.

« Ma chère fille,

« J'avais calomnié M. de Kernis ; je lui
« dois une réparation que je m'empresse
« de lui accorder. Je le croyais marié, je
« devais le croire ; les informations que j'a-
« vais recueillies ne me permettaient aucun
« doute à cet égard. On m'avait trompée,
« et je vous ai trompée moi-même sans le
« vouloir. M. de Kernis est libre ; cette
« nouvelle est aujourd'hui sans danger
« pour vous et ne saurait éveiller aucun
« regret dans votre cœur. Vous êtes heu-
« reuse, je le sais ; vous aimez votre mari.
« Je puis donc vous parler de M. de Ker-
« nis sans troubler la paix de vos jours.
« M. de Kernis est libre, et j'ai tout lieu de
« penser que son affection pour vous ne

« s'est pas attiédie. Tant qu'a vécu M. de
« Presmes, qui s'opposait à votre union,
« je n'ai pas dû laisser arriver jusqu'à ma
« fille bien-aimée les lettres de M. de Ker-
« nis, où sans doute il vous peignait toute
« la vivacité de sa passion. Plus tard, le
« croyant marié, je les ai gardées dans la
« crainte de nourrir votre désespoir. Main-
« tenant que vous êtes protégée par votre
« bonheur même contre toutes les séduc-
« tions, je ne veux pas prolonger l'erreur
« dans laquelle je vous ai jetée malgré moi ;
« je dois réhabiliter à vos yeux la loyauté de
« M. de Kernis. Je vous envoie ses lettres
« qui ne peuvent manquer de vous récon-
« cilier avec son souvenir. Il vous sera
« doux d'apprendre qu'il n'a pas manqué
« aux serments que vous aviez reçus, que

« son cœur vous est resté fidèle, que ja-
« mais aucune femme n'a effacé dans sa
« mémoire le charme de votre image.

« Adieu, ma chère fille ; agréez les vœux
« sincères que j'adresse au ciel pour la
« durée de votre bonheur.

« Marquise de Presmes. »

La foudre, éclatant dans un ciel azuré, et tombant aux pieds de Gabrielle, ne l'eût pas frappée d'une terreur plus profonde. Ainsi donc, ce n'était pas M. de Kernis, c'était elle-même qui avait mérité le reproche d'infidélité ; ce n'était pas lui, c'était elle qui avait failli à la foi jurée ; ce n'était pas lui, c'était elle qui avait perdu courage et désespéré de l'avenir. Les rôles étaient intervertis ; à elle seule appartenait toute la honte de l'abandon, à lui seul toute la gloire du martyre. Quand elle se croyait délaissée, elle puisait dans cette pensée même la force de se relever. Pure aux yeux de sa conscience, elle pouvait se réfugier, elle se réfugiait dans un nouvel amour ; M. de Kernis avait pris soin d'avance de l'absoudre et de la justifier. Maintenant, tout changeait de face ; le remords la rejetait bien loin de M. de Valcreuse, et la ramenait fatalement vers l'homme qu'elle avait méconnu.

Ce fut alors qu'elle laissa voir cet ennui soudain, cette morne tristesse que l'abbé ne s'expliquait pas. Hélas ! ce n'était pas seulement le remords, c'était le regret du bonheur perdu qui la consumait. A la lettre de madame de Presmes étaient jointes les lettres de M. de Kernis, lettres brûlantes et sincères comme celles qu'on écrit à vingt ans quand on aime ; chaque ligne respirait le dévoûment le plus absolu, l'espérance la plus confiante, l'ardeur la plus sainte, la tendresse la plus exaltée. En lisant ces pages où M. de Kernis avait mis son âme tout entière, en les lisant, seule au fond des bois, dans le creux des vallées, en les couvrant de larmes et de baisers, Gabrielle sentit se rallumer sa première passion, pareille à ces feux mal éteints qui, ranimés par un souffle imprudent, éclatent avec une furie nouvelle. Ce n'étaient pas les lettres d'Hector qui pouvaient combattre l'action enivrante de ces dangereuses lectures.

Elle lutta longtemps, vaillamment, avec énergie; longtemps elle appela le ciel et M. de Valcreuse à son aide. Le trait lancé par madame de Presmes avait pénétré dans les derniers replis de son âme; en s'efforçant de l'arracher, elle ne faisait que l'enfoncer plus avant. Lasse de lutter, reconnaissant son impuissance, elle trouva bientôt une excuse dans sa faiblesse; sans le vouloir, elle avait outragé M. de Kernis; elle se reprit à l'aimer, et ne vit dans son amour qu'une légitime expiation, tant le cœur est ingénieux à concilier ses penchants et ses devoirs! Qu'avait-elle, d'ailleurs, à redouter de ce sentiment? Elle était perdue pour M. de Kernis; M. de Kernis était perdu pour elle : ils ne devaient jamais se revoir.

Gabrielle s'abandonnait donc sans défiance à sa passion renaissante, quand tout-à-coup elle apprend que M de Kernis est en Bretagne, à quelques pas d'elle, qu'il va venir, que demain, aujourd'hui, dans une heure, ils seront tous deux, elle et lui sous le même toit.

IX

Séparé violemment de Gabrielle, M. de Kernis avait quitté la France. Les voyages ont été de tout temps le refuge des amants malheureux. Mais est-il malheureux, le jeune homme qui aime, qui se sent aimé et qui promène sa souffrance au milieu de pays enchantés? Est-il à plaindre, celui qui marche escorté de l'amour et de la jeunesse ? Il y a d'ailleurs, dans les premiers désespoirs de la passion, une exaltation, une ivresse qui nous grandit à nos propres yeux : on est fier de sa première douleur comme on le serait d'une première victoire; on est fier comme un enfant qui revêt la robe virile. M. de Kernis parcourut la Suisse et l'Italie; l'image de Gabrielle le suivit partout.

Rappelé en France par la mort de son père, après avoir recueilli son patrimoine, en possession désormais d'une fortune indépendante, il se présenta chez M. de Presmes. Malgré le silence de Gabrielle, malgré ses lettres demeurées sans réponse, il n'avait pas douté d'elle un seul instant; car il avait, lui aussi, cette confiance à toute épreuve, apanage constant des jeunes âmes. Il se croyait attendu ; il accourait plein d'amour et de joie : il allait retrouver Gabrielle telle qu'il l'avait laissée.

Madame de Presmes le reçut avec un sourire de compassion hypocrite et lui annonça du même coup la mort du marquis et le mariage de sa fille. M. de Kernis accueillit cette nouvelle comme il convenait à un galant homme; il ne proféra pas une plainte, ne demanda aucun éclaircissement, se leva, salua et sortit.

Son désespoir fut profond et terrible. Il crut sentir la terre manquer sous ses pas. Il nia l'amour et blasphéma la Providence.

Cependant, on le sait, les hommes ont, pour s'étourdir sur leurs chagrins, bien des ressources que la destinée a refusées aux femmes. Leur vie n'est pas tout entière enfermée dans le cercle des affections. Pour échapper aux angoisses du cœur, ils ont le mouvement, le bruit, les voyages, les intérêts publics. La femme, attachée au foyer, est forcée de vivre avec sa douleur dans un éternel tête-à-tête; rien ne la distrait, rien ne la dérobe à elle-même. Heureuse encore, lorsqu'elle peut donner un libre cours à ses larmes, et n'est pas obligée de sourire avec la mort au fond de son âme !

Trahi dans ses espérances de bonheur, M. de Kernis se jeta avec emportement dans la vie politique. Il prit part à toutes les délibérations de cette jeune noblesse qui avait salué avec enthousiasme l'avènement des idées nouvelles, qui avait accueilli les premières pensées de la révolution avec ferveur, mais qui se retourna contre la révolution dès qu'elle vit le trône en péril. Par ses lumières, en effet, par son esprit de justice, de désintéressement et d'impartialité, cette génération appartenait à la démocratie ; par les traditions de ses aïeux, par son dévoûment chevaleresque, elle appartenait à la monarchie, corps et âme. Elle comprenait toutes les fautes de la royauté, toutes ses défaillances, toutes ses témérités; elle était la première à lui adresser de sévères remontrances, et pourtant elle était prête à verser son sang pour le roi. Si la royauté avait pu être sauvée, si ses imprudences n'eussent creusé un abîme sans fond où elle devait s'engloutir, à coup sûr elle eût été sauvée par cette jeune aristocratie qui lui tendait la main tout en lui signalant le danger. Connaissant toute la puissance de l'opinion, toute la futilité, toute la faiblesse des préjugés de cour, M. de Kernis ne pouvait hésiter longtemps à se prononcer contre la réaction tentée par des courtisans imbéciles ; il comprit, dès le premier jour, comme tous les hommes de bon sens, que le seul moyen de gouverner le mouvement était de s'y associer. Grâce au nombre, à l'activité de ses relations politiques, il avait réussi, sinon à oublier, du moins à tromper sa douleur, lorsque la mort d'une de ses tantes dont il héritait, l'obligea de partir pour le bas-Poitou.

Instruite du prochain départ de M. de Kernis, madame de Presmes, qui ne l'avait pas perdu de vue, qui avait épié toutes ses démarches, sachant qu'il ne connaissait personne dans cette partie du Bocage, lui fit offrir des lettres de recommandation qu'il accepta, sans deviner l'intérêt que madame de Presmes prenait à sa destinée, sans entrevoir le rôle qu'elle jouait dans sa vie. Parmi ces lettres, il s'en trouvait une adressée à mademoiselle Armantine de Valcreuse par un vieil amiral sous qui Hector avait fait ses premières armes.

Nous savons comment, par une journée

d'avril, M. de Kernis rencontra Irène; sans ressentir pour elle une passion soudaine, il ne put, en la voyant, se défendre d'une douce émotion. Dans la jeunesse, nous sommes tous ainsi. Nous croyons à l'éternité de nos regrets, nous disons adieu au bonheur, nous ne voulons pas être consolés, et quand on nous parle d'illusions renaissantes, de jours plus calmes et plus sereins, nous repoussons cette espérance comme une mortelle injure; mais qu'une femme inconnue, jeune et belle, nous sourie en passant, voilà que nous oublions, voilà que nous reprenons à la vie.

Étranger dans le pays, M. de Kernis se sentit attiré malgré lui par ce jeune et gracieux visage. Au moment de son arrivée, il comptait envoyer à mademoiselle Armantine la lettre du vieil amiral; comme il n'avait que peu de temps à passer dans le Bocage, toute réflexion faite, il avait résolu de vivre dans la solitude. En voyant Irène, il changea d'avis. Le lendemain de la fête, par une de ces matinées resplendissantes où le sentiment de l'existence suffit à notre bonheur, il partit et se dirigea vers Valcreuse, Son cheval portait fièrement la tête et courait sur l'herbe des sentiers avec l'agilité d'un faon; les arbres secouaient sur son front les perles de la rosée; sur son passage les oiseaux chantaient et se poursuivaient dans les haies. Enivré de l'âpre senteur des genêts, il allait, doucement bercé par une pensée mystérieuse, vague, indéfinie, mais charmante. Certes, si le bonheur existe quelque part, c'est dans le cœur du jeune homme qui se sent emporté par un cheval rapide, au milieu de l'air frais du matin, vers un château où l'attend une jeune fille entrevue la veille.

La jeunesse a cela d'adorable, qu'elle appelle la bienveillance. Elle n'a qu'à se montrer pour gagner tous les cœurs. On s'empresse autour d'elle ; les esprits les plus défiants ne pensent pas à lui résister; les âmes les plus rebelles se laissent prendre au charme; elle apprivoise les caractères les plus ombrageux. M. de Kernis n'était pas encore descendu de cheval, qu'il avait déjà séduit par sa bonne grâce les serviteurs rangés autour de lui. Depuis longtemps on n'avait vu si brillant cavalier dans la cour du château.

L'abbé, qui le reçut au pied du perron, fut touché d'abord de la déférence que lui témoignait ce beau jeune homme. Debout sur le balcon d'une fenêtre, Irène le salua de son plus frais sourire ; mademoiselle Armantine, prévenue de son arrivée et déjà sous les armes, l'attendait au salon, dans une toilette éblouissante.

Cependant, Gabrielle, le front collé contre une vitre, à demi cachée par le rideau, contemplait d'un œil effaré, le sein oppressé, les lèvres entr'ouvertes, cette scène qui ne devait pas la surprendre, et qui pourtant la glaçait d'effroi.

—Viens, s'écria Irène d'une voix émue en se précipitant dans sa chambre; viens... le voilà! c'est lui!... je te l'avais bien dit qu'il viendrait. Tu l'as vu, n'est-ce pas? Avoue qu'il est charmant.

— Tu sais que je ne suis pas bien, mon enfant; tu m'as quittée souffrante, répondit Gabrielle d'une voix qu'elle s'efforçait de rendre calme. Mademoiselle Armantine recevra notre hôte, et tu m'excuseras auprès de lui.

— Oh! viens, reprit Irène, oh! viens, je t'en supplie, Si tu ne venais pas, M. de Kernis pourrait croire qu'il est de trop parmi nous.

— Non, mon enfant, non, repartit Gabrielle ; tu t'abuses, M. de Kernis ne saurait s'offenser de mon absence. La sœur de M. de Valcreuse lui fera mieux que moi les honneurs du château.

— Viens, répéta Irène avec une nouvelle insistance ; quand tu le connaîtras, nous pourrons parler de lui, et tu me comprendras mieux.

— Regarde-moi, mon enfant, regarde-moi, reprit madame de Valcreuse, et décide toi-même si je puis descendre au salon.

A ces mots, Irène leva les yeux sur Gabrielle et la trouva si changée qu'elle n'insista pas davantage. Elle était d'ailleurs si impatiente de revoir M. de Kernis qu'elle regrettait les moments passés loin de lui.

Pendant cette petite scène, M. de Kernis, introduit par l'abbé, présentait à mademoiselle Armantine la lettre du vieil amiral. Cette lettre fit merveille : le vieil amiral, sans s'effrayer de la fin tragique du chevalier de R... et du marquis de C..., avait brûlé pour mademoiselle Armantine d'une flamme discrète et patiente; seulement, plus sage qu'eux, il s'était résigné à vieillir et se promettait encore de longs jours. Mademoiselle Armantine, bonne et indulgente créature, lui pardonnait sa longévité, pour l'amour d'Hector, qui avait fait sous lui ses premières armes, et lui devait son premier avancement. En lisant cette lettre, elle se crut revenue aux plus belles journées de sa jeunesse. Comment aurait-elle pu lire sans attendrissement ce style galant et fleuri, dont le secret commençait à se perdre déjà, et qui contrastait d'une façon si frappante avec les évènements au milieu desquels se développe notre récit? Là revivaient tous ces héros, tous ces dieux et demi-dieux de la mythologie païenne, dont on parle aujourd'hui avec un dédain si superbe, mais qui jouissaient encore, il y a cinquante ans, de quelque crédit. L'amiral, élevé dans les traditions des ruelles, parlait avec une grâce touchante des ailes de Cupidon, des lèvres de Cypris, de l'écharpe d'Iris, de la ceinture de Vénus, et par un mélange ingénieux dont les poètes de profession ne se fussent pas avisés, il assaisonnait ses souvenirs mythologiques d'images empruntées à sa vie nautique. Mademoiselle Armantine, rajeunie et transfigurée par ce style enivrant, accueillit M. de Kernis comme elle eût accueilli l'amiral vingt ans plus tôt. D'ailleurs, n'avait-elle pas devant elle le héros de la veille, celui même qui avait ramassé sur le bord du sentier l'éventail d'Irène, et ce romanesque épisode ne couronnait-il pas d'une auréole poétique le front de M. de Kernis? Enfin, ce jeune homme avait les meilleures de toutes les lettres de créance : la grâce, l'élégance et la beauté.

La conversation s'engagea vite ; M. de

Kernis, qui venait de Paris, se vit aussitôt assailli de questions. Il parla des affaires, des nouvelles du jour. Avec la sagacité familière à tous ceux qui veulent se faire aimer, il avait deviné sur-le-champ toutes les faiblesses de mademoiselle Armantine, tous les goûts et toutes les prédilections de l'abbé. Tour à tour grave et frivole, il s'était déjà concilié les sympathies de ces deux natures si opposées, lorsqu'Irène vint excuser madame de Valcreuse et se mêler à l'entretien. En apprenant que sa belle-sœur ne paraîtrait pas, mademoiselle Armantine se sentit délivrée de la seule inquiétude qui pût troubler sa joie : elle allait régner sans partage. M. de Kernis dîna au château et ne repartit que le soir. La journée s'acheva comme par enchantement.

Quand vint l'heure de quitter le château, Mademoiselle Armantine, Irène et l'abbé voulurent l'accompagner. La bride sur le cou, le cheval suivait, tondant les pousses nouvelles. Ils causaient familièrement ; on eût dit qu'ils se connaissaient depuis longues années. Les caprices du terrain, les détours du sentier les réunissaient, les séparaient, les rapprochaient d'une façon inattendue. Par fois, M. de Kernis n'avait d'autre interlocuteur que mademoiselle Armantine; alors on l'eût pris pour un gentilhomme de la cour de Lous XV, tant il se montrait futile, tant il mettait de grâce à dire des riens, tant il prodiguait les paroles et ménageait les pensées. Parfois le hasard le mettait aux prises avec l'abbé; alors on l'eût pris pour une de ces figures tout à la fois jeunes et austères de la Constituante, tant son langage avait d'élévation et de grandeur, tant il y avait dans son accent d'éloquence et de conviction. Parfois, enfin, il se trouvait seul près d'Irène; alors ils se taisaient tous deux, mais leurs regards se rencontraient, et, si le sentier venait à se resserrer, ils sentaient leurs mains se toucher et leurs haleines se confondre.

Tandis qu'ils allaient ainsi, calmes, heureux, souriants, Gabrielle, assise à sa fenêtre, les suivait d'un regard fiévreux, à travers le paysage qu'inondaient encore les feux du couchant. Tantôt elle voyait M. de Kernis disparaître avec mademoiselle Armantine : alors le trouble de son cœur semblait s'apaiser; tantôt elle le voyait reparaître avec Irène ; alors une douleur inconnue lui déchirait le sein. L'infortunée! Qui pourrait dire ce qu'elle souffrit durant cette soirée? C'était bien lui, c'était bien M. de Kernis! Elle reconnaissait ses gestes, son attitude, sa démarche qui, tant de fois, l'avait remplie de joie. Lui qu'elle comptait ne jamais revoir, qu'elle aimait parce qu'elle croyait pouvoir l'aimer sans danger, c'était lui, il était là! Quand elle les eut perdus de vue, elle s'abîma dans un chaos de pensées tumultueuses. Qu'allait-il se passer? M. de Kernis reviendrait-il? S'il revenait, pouvait-elle espérer éviter sa présence? Et pourtant, malgré son effroi, elle sentait le besoin de le voir, de lui parler, de se justifier; elle voulait lui dire comment elle avait manqué, sans le savoir, à la foi jurée, comment elle s'était mariée, le croyant marié lui-même ; dans l'égarement de sa raison, elle voulait lui dire qu'elle l'aimait encore.

Gabrielle était réservée à d'autres épreuves.

M. de Kernis revint. Sans être entraîné vers Irène par un sentiment profond et sérieux, il se laissait aller au plaisir de la voir, de l'entendre, de vivre auprès d'elle. La première expérience qu'il avait faite de la passion avait si cruellement ébranlé sa foi, qu'il était décidé à ne plus chercher dans l'amour qu'une distraction. A parler franc, il revint sans trop s'expliquer pourquoi. Irène avait dix-huit ans, elle était jolie; il était jeune, inoccupé, dans un pays où il ne connaissait personne. En fallait-il davantage pour le ramener au château? Et puis, comment n'y fût-il pas revenu? Tout le monde lui faisait fête, tous les visages lui souriaient. Personne ne doutait que ce ne fût un mari pour Irène. En le voyant paraître, mademoiselle Armantine s'épanouissait; l'abbé lui prenait les mains, et paraissait éprouver pour lui quelque chose de l'affection qu'il avait pour Hector. Les serviteurs eux-mêmes s'empressaient à sa rencontre. Bientôt il ne fut plus question au château que de M. de Kernis. On ne jurait que par lui; on le citait à tout propos; ses moindres paroles étaient rappelées, commentées avec complaisance. Gabrielle, qui s'obstinait à l'éviter, n'entendait prononcer que son nom. Mademoiselle Armantine l'entretenait sans cesse de sa grâce, de son élégance, du tour piquant qu'il savait donner aux moindres choses. L'abbé vantait sa raison, ses lumières, la noblesse de son âme, la loyauté de son caractère. Quant à Irène, elle ne tarissait pas. Dès qu'il était parti, elle accourait, et, sans remarquer le trouble croissant de sa cousine, elle lui racontait sans pitié, minute par minute, toutes les heures qu'elle venait de passer près de lui. Gabrielle redoutait ces récits et n'avait pourtant pas le courage de les interrompre. A chaque parole, elle sentait sa blessure s'élargir et se creuser; et pourtant elle y trouvait une volupté cruelle et n'osait lui fermer la bouche.

Trop heureuse encore si le démon de la jalousie ne se fût emparé de son cœur! Mais la passion est clairvoyante; elle a des instincts qui la trompent rarement. A travers les enfantillages d'Irène, Gabrielle n'avait pas tardé à deviner ce qu'Irène ignorait encore : elle avait compris que ces deux jeunes gens s'aimaient, qu'ils étaient attirés l'un vers l'autre. En se rappelant que c'était pour cette enfant qu'elle avait sacrifié sa liberté, elle ne pouvait se défendre d'un sourd mouvement de colère. Elle s'était immolée pour elle, et le trésor qu'elle avait à jamais perdu pour la sauver, c'était Irène qui le recueillait aujourd'hui. La tendresse presque maternelle qu'elle avait eue jusque-là pour sa cousine, s'altérait à son insu, et menaçait parfois de se changer en haine. Il y avait des instants où la présence d'Irène l'irritait; puis tout-à-coup, honteuse d'elle-même, elle l'appelait dans ses bras, la couvrait de baisers et paraissait lui demander grâce.

Que faire cependant? quel parti prendre? Éloigner M. de Kernis? le devait-elle? S'ils s'aimaient, en effet, lui était-il permis de briser leur bonheur? La situation se compliquait de jour en jour. Elle avait pu d'abord, sans étonner personne, se dispenser de paraître au salon. Chacun connaissait son goût pour la retraite, son amour pour la solitude ; mais bientôt mademoiselle Armantine exprima tout haut son mécontentement. L'abbé, qui d'abord s'était plaint doucement, commençait à rôder autour d'elle avec un redoublement d'inquiétude. Il recueillait avidement ses moindres paroles; il épiait son silence ; il essayait de lire dans ses yeux ce qui se passait au fond de son cœur. Plus d'une fois déjà, elle avait tressailli en rencontrant son regard curieux et sévère.

Que devenir ? Lors même qu'elle eût voulu maintenant affronter la présence de M. de Kernis, le pouvait-elle ? Chaque jour, à toute heure, elle entendait prononcer son nom, et pourtant elle n'avait avoué à personne qu'elle le connaissait. Comment expliquer son silence?

L'abbé seul aurait pu conjurer le danger. Il était bon ; il aimait tendrement Gabrielle. Il aurait reçu ses aveux avec indulgence ; il l'aurait aidée à se relever ; il l'aurait sauvée de M. de Kernis et d'elle-même ; mais cette fois encore, Gabrielle avait trop longtemps attendu.

X

Cette étrange situation durait depuis trois semaines. M. de Kernis lui-même commençait à s'étonner de ne pas voir madame de Valcreuse. On s'expliquera sans peine comment il avait pu ignorer jusque là qu'il fût si près de la femme qu'il avait aimée. Le nom de madame de Presmes n'était jamais prononcé au château :

ce nom rappelait à mademoiselle Armantine un échec diplomatique dont elle ne pouvait se consoler, aux deux cousines, des souvenirs qui n'avaient rien de bien attrayant, à l'abbé un complot contre le bonheur de son cher Hector. M. de Kernis, averti par un instinct secret, devinant vaguement que madame de Presmes avait joué dans sa vie le rôle d'un mauvais génie, éprouvait pour elle une sorte d'éloignement. Il ne savait pas, d'ailleurs, que la lettre du vieil amiral lui vînt de madame de Presmes; la marquise était trop fine, trop habile, pour laisser voir la main qui menait toute cette intrigue.

Cependant la persistance de madame de Valcreuse à ne pas paraître, avait fini par éveiller la curiosité de M. de Kernis. Il s'était d'abord alarmé dans sa délicatesse. Il s'était demandé avec inquiétude si sa présence ne serait pas indiscrète ; mais la curiosité avait bientôt pris le dessus. Madame de Valcreuse était jeune et belle. Irène le lui avait dit ; le mystère dont elle s'enveloppait ajoutait encore à l'effet de cette révélation. Quelques paroles échappées à l'abbé sur le caractère de cette jeune femme, quelques réflexions demi railleuses de mademoiselle Armantine sur les goûts de sa belle-sœur l'avaient jeté dans un trouble dont il cherchait vainement à se rendre compte.

Un jour, en arrivant, il avait vu se dessiner, derrière le rideau d'une fenêtre, une forme vague, indécise; involontairement, il s'était arrêté à la contempler. A quelque temps de là, un soir, comme il s'éloignait au pas alongé de son cheval, en se retournant pour envoyer de la main un dernier adieu à Irène, il revit à la même croisée la forme qui déjà lui était apparue, et, ce soir-là, il rentra chez lui, inquiet, préoccupé, rêveur. Pourquoi? lui-même n'aurait pu le dire. Plus d'une fois déjà, dans les conversations du château, il avait tressailli au nom de Gabrielle, sans oser interroger ses hôtes. Chaque fois, la force lui avait manqué; chaque fois, un sentiment de réserve et de discrétion avait retenu sur ses lèvres les questions prêtes à s'échapper. Il sentait confusément s'agiter, dans sa destinée, quelque chose d'inconnu; l'air qu'il respirait lui semblait chargé d'orages; Irène n'était pas le seul charme qui l'attirât.

Un jour qu'il avait plu toute la matinée, mademoiselle Armantine, l'abbé, Irène et M. de Kernis étaient réunis au salon. L'herbe des sentiers était encore humide : le ciel menaçant, les branches trempées de pluie ne permettaient pas de songer à la promenade. Les fenêtres entr'ouvertes laissaient arriver l'odeur saine et pénétrante de la terre et des bois mouillés. On entendait le bruit monotone des gouttes d'eau tombant de feuille en feuille. Mademoiselle Armantine et l'abbé faisaient une partie de tric-trac ; assis l'un près de l'autre sur un sofa, Irène et M. de Kernis causaient à voix basse. C'était la première fois qu'ils se parlaient avec autant de liberté. De temps en temps, l'abbé tournait la tête à la dérobée, par un instinct de surveillance ; mademoiselle Armantine les regardait avec complaisance, comme deux amants de la *Clélie*, comme deux bergers de l'*Astrée*. Son œil radieux, sa bouche épanouie racontaient assez clairement ce qui se passait en elle. Elle revenait, elle était revenue au matin de sa vie ; elle regrettait seulement que M. de Kernis ne fût pas plus tendre, qu'Irène ne fût pas plus troublée. Ces retours enchantés amenaient nécessairement plus d'une distraction ; l'abbé, attentif à son jeu, hasardait alors quelques plaintes timides, et la bonne demoiselle, réveillée en sursaut, reprenait en soupirant le cornet et les dés.

— Qu'iriez-vous faire à Paris? disait Irène. S'il est vrai, comme on vous l'écrit, comme vous le disiez hier, que tout s'agite, que la noblesse et le trône soient en danger, pourquoi ne pas rester près de nous? Voyez la paix de nos campagnes; c'est ici qu'il faut vivre; c'est ici qu'est le bonheur.

— Est-ce ici que vous êtes née? répondait M. de Kernis; est-ce ici que vous avez grandi? Avant de vous rencontrer, j'étais loin de me douter que tant de grâce et de beauté se cachât au fond de ces bois.

— Ainsi, vous vous croyiez égaré au milieu de quelque peuplade sauvage, sur des bords inhospitaliers? La surprise vous a rendu indulgent. Et pourtant vous n'aviez pas tout-à-fait tort, car ce n'est pas ici que je suis née; ce n'est pas ici que j'ai grandi.

— Je croyais en effet qu'une fleur si charmante ne pouvait éclore qu'à la cour ou dans les salons de Paris.

— Vraiment! Eh bien! rassurez-vous; cette fois-ci encore votre clairvoyance n'est pas en défaut. Je n'ai jamais respiré l'air de la cour; je ne sais pas quelles fleurs y peuvent éclore. Pourtant ne vous étonnez pas davantage : c'est à Paris que je suis née.

— Vous n'êtes jamais allée à la cour ?

— Mon Dieu ! non ; mais j'en ai beaucoup entendu parler par mademoiselle Armantine. C'est à cela sans doute, c'est à ces merveilleux récits que je dois les belles manières que vous admirez en moi.

— Vous raillez ?

— A Dieu ne plaise ! Mais que diriez-vous donc de ma cousine ? Vous comprendriez, en la voyant, que la cour n'a pas le privilège de la grâce et de l'élégance.

— Vous avez été élevées ensemble ?

— Nos familles étaient divisées; la mort de ma mère nous a réunies, et depuis, nous ne nous sommes jamais quittées.

— Vous vous aimez comme deux sœurs, vous me l'avez dit.

— Comment ne l'aimerais-je pas?

— Comment ne seriez-vous pas aimée d'elle.

— C'est un si noble cœur, c'est une âme si tendre ! Elle a pour moi une affection si dévouée !

— Vous l'aimez; qui ne serait heureux de se dévouer à ce prix ?

— Elle est pour moi plus qu'une sœur, elle m'a rendu ma mère. Si vous saviez de quels soins touchants elle a entouré, elle entoure encore ma jeunesse !

— Tout ce que vous dites augmente mes regrets. Pourquoi semble-t-elle m'éviter? Je m'en afflige; parfois je m'en inquiète.

— Oh ! vous avez bien tort. Je puis vous assurer que vous n'êtes pour rien dans son humeur sauvage. Elle est souffrante, et, depuis le départ de son mari, elle fuit toute distraction.

— Est-ce que madame de Valcreuse a toujours été ainsi? A-t-elle toujours eu ces goûts de solitude?

—Toujours. Je l'ai toujours connue ainsi. Jeune fille, elle ne se plaisait que dans la retraite; elle demeurait seule, dans sa chambre, des journées entières.

—Seule? dans sa chambre? des journées entières?

— J'en souffrais bien un peu; je ne l'en aimais pas moins.

— De pareils goûts chez une jeune fille...

— Oh! vous ne la connaissez pas. C'est

un esprit sérieux ; elle n'est pas folle comme moi. Bien souvent, je l'ai surprise le front penché sur un livre dont une seule page m'eût fait peur. Elle n'avait pas seize ans que déjà elle était pensive et recueillie. Au clavecin, elle ne chantait que la musique de Gluck. Bien que son père eût une des maisons les plus fréquentées de Paris, il fallait la gronder pour qu'elle parût au salon. Mais qu'avez-vous donc ? Vous m'écoutez d'un air étrange.

— Je vous écoute aujourd'hui comme toujours ; je vous écoute et je me sens charmé. Vous disiez donc que madame de Valcreuse, dès l'âge de seize ans...

—Vous prenez un bien vif intérêt à tout ce qui regarde ma cousine.

— Ne m'avez-vous pas dit que vous l'aimez comme une sœur? Vous entendre parler des personnes que vous aimez, n'est-ce pas apprendre à vous plaire? Ainsi, dès l'âge de seize ans, madame de Valcreuse était pensive et recueillie?

— Vous-même, à quoi donc rêvez-vous?

— Voulez-vous le savoir?

— Sans doute.

— Eh bien! je me demande si vous différez de beauté comme de caractère.

— Voyons, devinez. Comment vous la figurez-vous?

— Madame de Valcreuse ne saurait être belle sans vous ressembler un peu.

— Prenez garde, vous croyez me flatter et vous calomniez ma cousine.

— Ses yeux sont bleus comme les vôtres ?

— Vous vous trompez ; ses yeux sont noirs.

— Ses cheveux sont blonds comme l'or des épis ?

— Vous vous trompez : ils ont la couleur de l'ébène.

— Ses joues ont la fraîcheur des roses ?

— Vous vous trompez : ses joues ont la blancheur des lys.

— Puisque décidément vous différez en tout, madame de Valcreuse est petite ?

—Vous avez du malheur : Gabrielle est grande comme moi.

—Gabrielle ! C'est le nom de madame de Valcreuse ?

— Vous ne le saviez pas ?

— Je l'ignorais.

— Convenez que c'est un joli nom.

— J'en conviens.

— Et qu'il vous plaît mieux que le nom d'Irène ?

— Je ne dis pas cela.

— Je jurerais que si.

—A votre tour, vous pourriez vous tromper.

En ce moment, mademoiselle Armantine, qui, depuis quelque temps, contenait à grand'peine une sourde colère, irritée à la fois des doléances et du bonheur obstiné de l'abbé qui venait de gagner trois parties, se leva, en jetant d'une main furieuse le cornet et les dés.

— Jamais! s'écria-t-elle, jamais pareille chose ne m'est arrivée à la cour!

— Pardonnez-moi, Mademoiselle, répondit humblement l'abbé; je n'ai pas la chance aujourd'hui. Pardonnez-moi; une autre fois je serai plus heureux, je l'espère.

— C'est qu'aussi, avec vous, repartit aigrement mademoiselle Armantine, le jeu n'est plus une distraction, c'est une affaire. On ne peut pas tourner la tête, on n'a pas un moment à soi. Quand je faisais la partie du prince de R... les choses se passaient plus gaîment; mais c'était un beau joueur, et qui ne craignait pas de perdre.

— Pardonnez-moi, Mademoiselle, répéta l'abbé redoublant d'humilité; une autre fois, je jouerai mieux.

Cet intermède inattendu détourna brusquement l'attention d'Irène et l'empêcha de remarquer le trouble profond qui s'était emparé de M. de Kernis. Elle étouffa de son mieux un frais éclat de rire prêt à s'échapper, comme une fusée, de ses lèvres, tandis que M. de Kernis, retiré dans l'embrâsure d'une fenêtre, se remettait de l'émotion violente qu'il venait d'éprouver.

Quand le dépit de mademoiselle Armantine se fut un peu calmé, grâce à son bon naturel, grâce surtout à la prudence de l'abbé qui avait quitté la place, M. de Kernis se disposa, sans plus tarder, à prendre congé. Vainement mademoiselle de Valcreuse insista pour le retenir; vainement Irène le supplia de son plus doux regard. Il partit; il avait besoin d'être seul.

Une fois dans la plaine, dès qu'il ne fut plus en vue du château, il ralentit le pas de sa monture et se livra tout entier aux pensées qui s'agitaient en lui.

Le ciel s'était éclairci; le vent avait balayé les nuages. La nuit descendait des coteaux; les étoiles s'allumaient dans l'azur; mais ce n'était pas le spectacle de cette belle soirée qui le tenait ainsi rêveur. Ce n'était pas pour contempler l'horizon encore empourpré qu'il laissait flotter la bride sur le cou de son cheval; c'était en lui-même qu'il regardait d'un œil avide. Ce n'était pas le murmure de la brise passant sur la bruyère qu'il écoutait d'une oreille inquiète; c'était le bruit de la tempête qui grondait au fond de son cœur.

C'était elle, c'était Gabrielle, c'était mademoiselle de Presmes! Il n'en pouvait douter. Toutes les paroles échappées à Irène portaient la conviction dans son âme; tous les traits qu'elle avait tracés ne pouvaient convenir qu'à un seul modèle. Et d'ailleurs, était-il besoin de rassembler, de commenter, de rapprocher, pour les éclairer l'un par l'autre, tous les mots qui s'étaient dits devant lui? Le trouble de ses sens ne parlait-il pas assez haut? Ne lui criait-il pas que c'était elle, que c'était Gabrielle, que c'était mademoiselle de Presmes? Comment ne l'avait-il pas deviné depuis longtemps? Comment n'avait-il pas compris dès les premiers jours que cette femme qui le fuyait si obstinément avait un motif impérieux pour le fuir? Elle se cachait parce qu'elle l'avait trahi; elle se cachait parce qu'elle avait honte d'elle-même; elle se cachait parce qu'elle n'aurait pu soutenir son regard. C'était elle, c'était elle en effet! D'où serait venue l'émotion profonde qu'il avait ressentie en voyant cette forme indécise derrière les rideaux d'une fenêtre? D'où seraient venus cette vague inquiétude, ce sourd malaise qui pesaient sur lui!

— Oui, c'est toi, oui c'est bien toi! s'écria-t-il enfin en enfonçant ses éperons dans les flancs de son cheval. C'est toi, je te reconnais à l'épouvante de mon âme! C'est toi qui as ruiné toutes mes espérances; c'est toi qui as brisé en moi toute croyance, toute conviction! c'est toi qui m'as réduit à ne chercher dans l'amour qu'un passe-temps, une distraction, un plaisir frivole! c'est toi qui m'as perdu, qui m'as flétri sans retour! c'est toi qui as desséché la fleur de ma jeunesse! c'est toi qui m'as poussé dans les sentiers arides de l'ambition! Tandis que j'errais loin de toi, loin de la patrie, loin de ma famille, promenant ma douleur, ne vivant qu'en toi, retrouvant partout ton image, tu me trahissais, tu te raillais de tous nos serments, tu foulais aux pieds mon amour! Quand je revenais plein d'espoir et d'ivresse, sûr de toi comme de moi-même, plein de confiance et de sécurité, quand je revenais triomphant, heureux de mettre à tes genoux cette richesse après laquelle j'avais tant soupiré, déjà tu étais parjure! déjà tu étais dans les bras d'un autre! Eh! que me font à moi toutes ces idées, toutes ces questions, tous ces principes d'égalité, de justice, de liberté, pour lesquels on dépense làbas tant de paroles? Ce que je voulais, ce que je rêvais, c'était un coin obscur où passer ma vie près de toi. Ce n'était pas la gloire qui me tentait, c'était le bonheur. Adieu donc, adieu pour toujours! Non, je ne te verrai pas. Je ne veux pas t'infliger le supplice de ma présence; je ne veux pas respirer un instant de plus l'air que tu respires; mes pieds ne toucheront plus le seuil que tes pieds ont touché.

Il allait, emporté par un galop rapide, prenant pour de la haine, pour de la colère, son amour qui se réveillait. Il allait, rouvrant, élargissant, creusant sa blessure, et ne comprenant pas que ses imprécations n'étaient que des cris de détresse.

Décidé à partir sur-le-champ, sans perdre une heure, à peine arrivé chez lui, il demanda des chevaux de poste.

Ses affaires étaient réglées depuis plusieurs jours; rien ne le retenait plus; il était resté sans savoir pourquoi. Il n'avait pas touché sérieusement le cœur d'Irène; ce n'avait été, de part et d'autre, qu'une impression fugitive et qui devait s'effacer bientôt. Il pouvait donc partir sans remords.

Cependant il ne voulut pas s'éloigner sans s'acquitter envers ses hôtes, sans remercier mademoiselle Armantine et l'abbé, surtout sans adresser à Irène l'expression de sa reconnaisssance.

« Je pars, lui disait-il, mais je n'oublierai jamais les moments que j'ai passés près de vous. J'étais triste, et vous m'avez souri ; j'étais désespéré, vous avez relevé mon courage. Soyez bénie, pour les douces journées que je vous dois. Vous aurez traversé ma vie comme une ombre charmante; vous serez la joie de mes rêves. Soyez heureuse. Puissiez-vous trouver un cœur digne du vôtre, et qui soit à vous tout entier! Puissiez-vous trouver un cœur qui ait en lui le bonheur pour vous le donner! Soyez-lui fidèle; ne vous jouez pas de son amour. L'amour est une chose grave; la confiance ne fleurit qu'une fois; toute âme sincère est sacrée. Adieu, aimable enfant; adieu, frais rameau sous lequel je me suis un instant abrité. »

«Mon ami, disait-il à l'abbé, vous avez été bon pour moi. Je suis fier de la confiance que vous m'avez témoignée. Je vais défendre les principies qui nous sont chers à tous deux. Vous êtes au port, et moi je vais affronter l'orage. Qui sait ce que l'avenir nous réserve? Quoi qu'il arrive, loin de vous comme près de vous, je me rappellerai toujours nos entretiens; absent ou présent, vous serez toujours pour moi un guide et un conseil. »

« Je m'éloigne, disait-il à mademoiselle Armantine, je pars sans vous avoir baisé la main. C'est une faute, que dis-je? c'est un crime que je ne me pardonnerais de ma vie, si une cause toute-puissante ne me rappelait à Paris. Votre accueil bienveillant, la grâce exquise de vos manières ne s'effaceront jamais de ma mémoire. J'avais cru jusqu'ici que la cour était à Versailles : vous m'avez détrompé. »

Il était prêt; tous ses ordres étaient

donnés; il ne lui restait plus qu'à partir.

Les chevaux demandés à Machecoul étaient arrivés et piaffaient dans la cour; la berline était attelée; on entendait claquer le fouet des postillons.

Il dit adieu à ses serviteurs, qui le connaissaient à peine, et qui déjà s'étaient pris d'affection pour lui.

Il descendit les marches du perron entre une double haie de flambeaux. Le marchepied était abaissé ; encore quelques instants et Gabrielle était sauvée. M. de Kernis allait monter en voiture, quand tout-à-coup il se sentit tiré par le pan de son manteau.

Il se retourna brusquement et vit devant lui une enfant, une petite fille qui comptait à peine dix ans, pieds nus, les cheveux flottants, la jupe de serge à mi-jambe.

Il se souvint aussitôt de l'avoir vue rôder à Valcreuse.

C'était une pauvre orpheline que Gabrielle avait recueillie et qui remplissait à la ferme les humbles fonctions de pastoure. Elle avait l'œil fin, la bouche discrète, toute sa physionomie, comme celle d'un chat sauvage, exprimait un mélange de ruse et de curiosité. Elle avait pour madame de Valcreuse une affection fanatique et se serait jetée au feu pour elle.

On la nommait Rosette.

Avant d'avoir été recueillie par Gabrielle, elle n'avait ni toit ni abri, et vivait de la charité des paysans. Elle dormait tantôt dans une grange, tantôt dans une étable. Elle allait de ferme en ferme, et, quoiqu'elle ne fût bonne à rien, elle obtenait sans peine le morceau de pain qui suffisait aux besoins de chaque jour. Gabrielle s'était intéressée au sort de la pauvre orpheline; elle s'était sentie tout d'abord attirée par ce qu'il y avait d'étrange dans la figure de cette petite bohémienne. Elle avait voulu la fixer, la vêtir, lui apprendre à lire; tous ses efforts avaient échoué contre l'humeur sauvage et vagabonde de Rosette. Rosette, cependant avait été touchée de l'intérêt que lui témoignait madame de Valcreuse ; tout en repoussant les bienfaits, elle s'était prise d'une tendresse instinctive pour la bienfaitrice. Sa plus grande joie, son unique bonheur était de la regarder, de la suivre sans être aperçue, de se cacher derrière les haies pour la voir passer.

Elle tira de sa gorgerette une lettre qu'elle remit à M. de Kernis, et, comme un furet, disparut aussitôt.

M. de Kernis brisa violemment le cachet et lut à la lueur des flambeaux :

« Mon ami,

« Depuis trois semaines vous êtes près

de moi ; vous êtes près de moi, et je vous fuis, je vous évite. Je ne veux pas, je ne peux pas vous fuir plus longtemps. Vous me savez mariée et vous croyez que je vous ai trahie. Bien que je ne mérite pas vos reproches, je ne veux pas m'y exposer davantage.

« J'ai dans les mains la preuve de mon innocence, et je vous l'envoie. Vous verrez par la lettre de madame de Presmes, qu'elle nous a trompé tous deux. Plus tard, vous saurez tout ce que j'ai souffert, toutes les larmes que j'ai versées. Je vous croyais perdu pour moi, et pourtant, Dieu m'est témoin que je n'ai pas un seul jour maudit votre mémoire, que je n'ai jamais blasphémé votre nom. Oublions le passé, puisqu'il est irréparable; oublions jusqu'au souvenir du bonheur que nous avions rêvé. Oublions les serments que nous avions échangés : aucun de nous n'est parjure.

« Vous êtes jeune, vous êtes libre. Irène vous aime et vous l'aimez. L'avenir vous promet encore d'heureux jours. Irène est digne de votre affection ; qu'elle devienne votre compagne. Qu'elle vous donne toutes les joies que vous méritez! Je la bénirai de votre bonheur. Qu'elle vous aime comme j'aime M. de Valcreuse ; qu'elle répare envers vous ce que je ne puis moi-même réparer.

« Calme, sereine, justifiée, je puis maintenant paraître devant vous sans honte et sans effroi. Seulement, n'oubliez pas, en me voyant, que vous ne m'avez jamais connue, et que je suis morte pour vous.

« GABRIELLE. »

— Qu'on renvoie les chevaux, dit M. de Kernis, après avoir lu cette lettre ; je reste, je ne partirai pas.

FIN DU PREMIER VOLUME.

ROMANS

DE

Jules Sandeau.

Catherine	2 in-8	15 »
Milla et Marie	2 in-8	15 »
Fernand	1 in-8	7 50

Georges Sand.

Le Meunier d'Angibault	3 in-8	22 50
Teverino	2 in-8	15 »
La Mare au Diable	2 in-8	15 »
Lucrézia Floriani	2 in-8	15 »

Comtesse Dash.

LE JEU DE LA REINE	2 in-8	15 »
MADAME LOUISE DE FRANCE	1 in-8	7 50
L'ÉCRAN	1 in-8	7 50
MADAME DE LA SABLIÈRE	1 in-8	7 50
LA CHAÎNE D'OR	1 in-8	7 50
LE FRUIT DÉFENDU	4 in-8	30 »
LA MARQUISE DE PARABÈRE	2 in-8	15 »
LES BALS MASQUÉS	2 in-8	15 »
LE COMTE DE SOMBREUIL	2 in-8	15 »
LE CHATEAU DE PINON	2 in-8	15 »
LA POUDRE ET LA NEIGE	2 in-8	15 »
MADAME LA PRINCESSE DE CONTI . . .	2 in-8	15 »
MADEMOISELLE DE LA TOUR DU PIN . .	2 in-8	15 »

SCEAUX. — IMPRIMERIE DE E. DÉPÉE.

www.ingramcontent.com/pod-product-compliance
Lightning Source LLC
Chambersburg PA
CBHW060515170426
43199CB00011B/1451